Kauderwelsch
Band 135

W0285927

© Barbara Bossinger

Machu Picchu

Impressum

Grit Weirauch
Spanisch für Peru – Wort für Wort
erschienen im
REISE KNOW-HOW Verlag Peter Rump GmbH
Osnabrücker Str. 79, D-33649 Bielefeld
info@reise-know-how.de

6. neu bearbeitete und verbesserte Auflage 2015

Bearbeitung & Layout Claudia Schmidt
Layout-Konzept Günter Pawlak, FaktorZwo! Bielefeld
Umschlag Peter Rump (Titelbild: Barbara Bossinger)
Kartographie Iain Macneish
Fotos Fotografen@Fotolia.com, Barbara Bossinger, Christiane Buschbeck (Nachweis am jeweiligen Foto)
Druck & Bindung Werbedruck GmbH Horst Schreckhase, Spangenberg

ISBN 978-3-8317-6449-5
Printed in Germany

Dieses Buch ist erhältlich in jeder Buchhandlung Deutschlands, Österreichs, der Schweiz und der Benelux. Bitte informieren Sie Ihren Buchhändler über folgende Bezugsadressen:
Deutschland Prolit GmbH, Postfach 9, D-35461 Fernwald (Annerod) sowie alle Barsortimente
Schweiz AVA-buch 2000, Postfach 27, CH-8910 Affoltern
Österreich Mohr Morawa Buchvertrieb GmbH, Sulzengasse 2, A-1230 Wien
Belgien & Niederlande Willems Adventure, www.willemsadventure.nl
direkt Wer im Buchhandel kein Glück hat, bekommt unsere Bücher zuzüglich Porto- und Verpackungskosten auch direkt über unseren Internet-Shop: ***www.reise-know-how.de.***

Kauderwelsch

Grit Weirauch

Spanisch für Peru

Wort für Wort

REISE KNOW-HOW
im Internet
www.reise-know-how.de
info@reise-know-how.de

Aktuelle Reisetipps
und Neuigkeiten,
Ergänzungen nach
Redaktionsschluss,
Büchershop und
Sonderangebote
rund ums Reisen

Kauderwelsch-Sprachführer sind anders!

Warum? Weil sie Sie in die Lage versetzen, wirklich zu sprechen und die Leute zu verstehen.

Wie wird das gemacht? Abgesehen von dem, was jedes Sprachbuch bietet, nämlich Vokabeln, Beispielsätze usw., zeichnen sich die Bände der Kauderwelsch-Reihe durch folgende Besonderheiten aus:

Die **Grammatik** wird in einfacher Sprache so weit erklärt, dass es möglich wird, ohne viel Paukerei mit dem Sprechen zu beginnen, wenn auch nicht gerade druckreif.

Alle Beispielsätze werden doppelt ins Deutsche übertragen: zum einen **Wort-für-Wort,** zum anderen in „ordentliches“ Hochdeutsch. So wird das fremde Sprachsystem sehr gut durchschaubar. Denn in einer fremden Sprache unterscheiden sich z. B. Satzbau und Ausdrucksweise recht stark vom Deutschen. Ohne diese Übersetzungsart ist es so gut wie unmöglich, schnell einzelne Wörter in einem Satz auszutauschen.

Die **Autorinnen** und **Autoren** der Reihe sind Globetrotter, die die Sprache im Land selbst gelernt haben. Sie wissen daher genau, wie und was die Leute auf der Straße sprechen. Deren Ausdrucksweise ist nämlich häufig viel einfacher und direkter als z. B. die Sprache der Literatur oder des Fernsehens.

Besonders wichtig sind im Reiseland **Körpersprache, Gesten, Zeichen** und **Verhaltensregeln,** ohne die auch Sprachkundige kaum mit Menschen in guten Kontakt kommen. In allen Bänden der Kauderwelsch-Reihe wird darum besonders auf diese Art der nonverbalen Kommunikation eingegangen.

Kauderwelsch-Sprachführer sind keine Lehrbücher, aber viel mehr als traditionelle Sprachführer! Wenn Sie ein wenig Zeit investieren und einige Vokabeln lernen, werden Sie mit ihrer Hilfe in kürzester Zeit schon Informationen bekommen und Erfahrungen machen, die „sprachlosen“ Reisenden verborgen bleiben.

Inhalt

Konversation

Anhang

Ureinwohner auf den Treppenstufen von Cusco

Vorwort

Dieser Sprechführer ist für all diejenigen gedacht, die auf eigene Faust – ohne deutsche Reiseleitung – Peru erkunden wollen.

Natürlich kommt man auch mit Englisch in Peru mehr schlecht als recht voran und wird dann eher die „Touristenpreise" bezahlen. Mit der Landessprache hingegen eröffnet sich eine andere Welt. Abseits der Touristenkarawanen und der breitgetrampelten Wege wird man interessante Begegnungen mit Menschen erleben und bald einen tieferen Einblick in Lebensweise und Mentalität der gastfreundlichen Peruaner gewinnen.

Das Land hat an Attraktionen viel zu bieten: Ruinen und Zeugnisse von Inka- bzw. Vorinkakultur, atemberaubende Andenlandschaften für den Trekkingfreund und der inzwischen fast allzu bekannte Camino Inca nach Machu Picchu. Und dann lockt da noch die Selva des Amazonasbeckens: riesige Gebiete an Regenwald, die noch zu entdecken sind, und in die man oft nur mit dem Boot vordringen kann.

Das Spanisch Perus weist in einigen Punkten Besonderheiten auf – nicht zuletzt durch den starken Einfluss des Quechua, das viele Wörter und ganze Satzstrukturen ins Castellano hineingebracht hat. Der vorliegende Kauderwelsch-Band trägt dieser Vielfalt Rechnung.

Hinweise zur Benutzung

Hören Sie sich Ausprachebeispiele mit Ihrem Smartphone an! Ausgewählte Kapitel im Konversationsteil sind dafür mit einem QR-Code ausgestattet. Wer kein Smartphone hat, kann sich die Sätze auch auf unserer Webseite anhören: www.reise-know-how.de/kauderwelsch/135

Der Sprechführer „Spanisch für Peru“ gliedert sich in die drei wichtigen Hauptabschnitte „Grammatik“, „Konversation“ und „Wörterliste“.

Die **Grammatik** beschränkt sich auf das Wesentliche und ist so einfach gehalten wie möglich. Deshalb sind auch nicht alle Ausnahmen und Unregelmäßigkeiten der Sprache erklärt. Wer nach der Lektüre dieses Büchleins tiefer in die Grammatik der spanischen Sprache eindringen möchte, findet im Anhang Hinweise auf weiterführende Literatur. Wer bereits über Spanischvorkenntnisse verfügt, mag sich nur auf die Besonderheiten und auf die Umgangssprache konzentrieren. Aber auch der Anfänger wird sich mit Hilfe der einfach erklärten Grammatik sofort verständlich machen können und dann im Konversationsteil alles finden, um „mitzureden“.

Im **Konversationsteil** finden Sie Sätze aus dem Alltagsgespräch, die Ihnen einen ersten Eindruck davon vermitteln sollen, wie die spanische Sprache „funktioniert“, und die Sie auf das vorbereiten sollen, was Sie später in Peru hören werden – denn was man vorher schon einmal gelesen hat, versteht man später viel leichter. Sowie man sich auch nur ein wenig vom Allerallgemeinsten entfernt, wird es unwahrscheinlich, dass Sie exakt den gewünschten Satz hier finden werden. Benutzen

Sie die Beispielsätze also auch als Fundus von Satzschablonen und -mustern, die Sie selbst Ihren Bedürfnissen anpassen.

Damit Sie die Wortfolge des Spanischen in den Beispielsätzen nachvollziehen können, ist eine **Wort-für-Wort-Übersetzung** in kursiver Schrift ergänzt. Jedem spanischen Wort entspricht ein Wort in der Wort-für-Wort-Übersetzung. Wird ein spanisches Wort im Deutschen durch zwei Wörter übersetzt, sind diese in der Wort-für-Wort-Übersetzung durch einen Bindestrich verbunden. Wörter, die nur zum besseren Verständnis ergänzt wurden, stehen in Klammern, z. B.:

Quiero llamar por teléfono.
(ich-)will rufen durch Telefon
Ich möchte telefonieren.

Werden in einem Satz mehrere Wörter angegeben, die man untereinander austauschen kann, steht ein Schrägstrich.

¿Dónde está el restaurant / baño?
wo (er-)sich-befindet der Restaurant / Bad
Wo ist ein Restaurant / die Toilette?

Abkürzungen

Ez	Einzahl (Singular)
Mz	Mehrzahl (Plural)
w	weiblich (feminin)
m	männlich (maskulin)
Umst.	Umstandswort (Adverb)

Mit Hilfe der Wort-für-Wort-Übersetzung können Sie die Beispielsätze leicht Ihren eigenen Bedürfnissen anpassen, auch wenn das Ergebnis nicht immer perfekt ist.

Die **Wörterlisten** am Ende des Buches helfen Ihnen dabei. Sie enthalten einen Grundwortschatz „Deutsch – Spanisch" und „Spanisch – Deutsch" von je ca. 1000 Wörtern, mit denen man schon eine Menge anfangen kann.

Die **Umschlagklappe** hilft, die wichtigsten Sätze und Formulierungen stets parat zu haben. Hier finden sich schnell die wichtigsten Angaben zur Aussprache und eine kleine Liste der wichtigsten Fragewörter, Richtungs- und Zeitangaben. Aufgeklappt ist der Umschlag eine wesentliche Erleichterung, da nun die gewünschte Satzkonstruktion mit dem entsprechenden Vokabular aus den einzelnen Kapiteln kombiniert werden kann.

Wenn alles nicht mehr weiterhilft, dann ist vielleicht das Kapitel „Nichts verstanden? – Weiterlernen!" der richtige Tipp. Es befindet sich ebenfalls im Umschlag, stets bereit, mit der richtigen Formulierung für z. B. „Ich habe leider nicht verstanden." oder „Wie bitte?" auszuhelfen.

Seitenzahlen

Um Ihnen den Umgang mit Zahlen zu erleichtern, wird auf jeder Seite die Seitenzahl auch auf Spanisch angegeben!

Sprachen in Peru

Die offizielle Landessprache castellano wurde von den Spaniern zu Beginn des 16. Jahrhunderts eingeführt und wird heute von mehr als zwanzig Millionen Peruanern, das sind rund 80 % der Bevölkerung, als Muttersprache gesprochen. Castellano (Kastilisch) soll hier verstanden werden als das spezifisch peruanische Spanisch, im Gegensatz zum español, wie man es in Spanien spricht.

Nennen Sie das Spanische in Peru also auf Spanisch nur castellano, *denn so ist es im Land üblich. Allerdings nennen die Romanisten auch in Spanien ihre Sprache oft* castellano, *und so halten es auch die Sprecher der dortigen Regionalsprachen Katalanisch, Baskisch und Galicisch. Die Bezeichnung* español *ist aber mittlerweile die in der restlichen Bevölkerung übliche. In Peru kann* español *aber etwas „kolonialistisch" klingen.*

Außerdem gibt es in Peru eine Vielzahl von indigenen Sprachen. Allein das Quechua, die bekannteste und am weitesten verbreitete einheimische Sprache, hat über 30 Dialekte. Quechua, das von seinen Sprechern selbst runa simi („Menschenwort") genannt wird, war die Sprache des Inkareiches und hinterließ viele Spuren im peruanischen Spanisch. Dazu gehören Wörter wie papa (Kartoffel), quinua (Getreideart) oder cuy (Meerschweinchen), aber auch die Bezeichnungen für die Kamelverwandten llama, guanaco, vicuña und alpaca.

Was sich vor allem jedoch vom Spanisch in Spanien unterscheidet, sind Grammatikstrukturen, die vom Quechua auf das Castellano übertragen werden. So setzt ein Andenbewohner z. B. das Tätigkeitswort oft ans Ende des Satzes, wie es im Quechua üblich ist.

In Lima werden Sie aber derartige Sätze höchstens von frisch Zugewanderten zu hören bekommen.

Quechua dient heute für rund 16 % der Peruaner, also mehr als viereinhalb Millionen Menschen, als Muttersprache.

Sprachen in Peru

Eine dem Quechua strukturell ähnliche Sprache ist das Aymara, das man in der Gegend von Puno am Titicacasee antrifft.

Noch wichtiger ist Aymara im benachbarten Bolivien, wo es die Regionalsprache in der Gegend von La Paz darstellt.

Im Amazonastiefland, wo über 60 verschiedene Ethnien leben, gibt es außerdem unzählige Sprachen, von denen viele noch unzureichend erforscht sind. Größere Sprachfamilien heißen Arawak (z. B. das Asháninca im östlichen Andenvorland), Pano (z. B. das Shipibo in der Gegend von Pucallpa) und Jívaro (z. B. das Aguaruna im Norden, nahe Ecuador).

Gerade in letzter Zeit wird aber auch der Einfluss des Englischen – vor allem im Tourismusbereich – immer sichtbarer.

Es schleichen sich erfolgreich englische Wörter ein, wie z. B. full *(voll) oder* slíping *(Schlafsack), aber auch besser „versteckte" wie* guachimán *(watchman, also Wachmann) oder* sánguche *(sandwich).*

Peruanismen

Durch die eigenständige Entwicklung des peruanischen Spanisch über viele Jahrhunderte hinweg unterscheidet sich dieses heute doch erheblich vom Spanischen, wie es in Spanien gesprochen wird. Gleiche Wörter haben manchmal eine andere Bedeutung, und Gegenstände werden anders benannt. Zum Beispiel wird man oft de repente hören, was in Spanien „plötzlich" bedeutet, aber in Peru im Sinne von „vielleicht" verwendet wird. Oder man erwartet vielleicht einen Badestrand, wenn man in Peru einem Schild zur playa (genauer gesagt playa de estacionamiento) folgt, findet sich dann aber unversehens auf einem Großraumparkplatz wieder!

Dieser Wortgebrauch stammt aus der Seemannssprache, als man die Schiffe vor dem Strand „parkte".

vom Spanischen abweichendes Vokabular

	in Peru	in Spanien
aufstehen	pararse	levantarse
Auto	carro	coche
Avocado	palta	aguacate
blöd, albern	zonzo	tonto
Chili	ají	chile
Erdnüsse	maní	cacahuetes
Erfrischungsgetränk	gaseosa	refresco
fahren (Auto)	manejar	conducir
Fahrkarte	boleto	billete
Geld	plata	dinero
Glühbirne	foco	bombilla
Jacke	casaca	chaqueta
klein	chico	pequeño
Klempner	gasfitero	fontanero
Kreisverkehr	óvalo	rotonda
Mais	choclo	maíz
Maus	pericote	ratón
Parkplatz	playa de estacionamiento	aparcamiento / parking
Pullover	chompa	suéter / jersey
Reifen	llanta	neumático
Schuhe putzen	lustrar	limpiar
Schwein	chancho	cerdo
sich beeilen	apurarse	tener prisa
Streichhölzer	fósforos	cerillas
Streik	paro	huelga
Tankstelle	grifo	gasolinera
vielleicht	de repente	quizás
Wohnung	departamento	apartamento
Zelt	carpa	tienda de campaña

Quechua-Wörter

alalau	Ausruf bei Kälte („brrrr!“)
acacallau	Ausruf bei Entsetzen („o je!“)
añañau	Ausruf bei leckerem Essen („mmh!“)
cuy	Meerschweinchen
chullo	(traditionelle) Wollmütze
chacra	Feld
llama	Lama
pampa	Ebene
papa	Kartoffel
puma	Puma
quinua	Quinoa (Getreideart aus dem Andenhochland)

Vor allem das Quechua hat seine Spuren im spanischen Wortschatz Perus hinterlassen. Einige der dieser Begriffe sollen hier vorgestellt werden.

Nennen Sie die Kartoffel in ihrem Ursprungsland nur papa *und niemals* patata. *In diesem Punkt können die Peruaner empfindlich sein.*

Auch chacra *„Feld, Acker“ hat einen hohen emotionalen Stellenwert bei den Peruanern, da sich das Wort ursprünglich auf die typisch inkaischen Formen des Ackerbaus bezog.*

Der Vulkan Misti bei Arequipa

Aussprache & Betonung

Die Aussprache ist einfach. Allerdings werden einige Buchstaben anders ausgesprochen als bei uns.

Selbstlaute

Die Selbstlaute (Vokale) a, e, i, o, u werden immer kurz und offener als im Deutschen ausgesprochen.

Zwei aufeinander folgende Selbstlaute spricht man getrennt (aber ohne Knacklaut dazwischen, wie im Deutschen üblich).

ie	wie in „Famil**ie**", nicht wie in „M**ie**te": **abierto** (offen)
ei	wie „äi" in „Hebr**äi**sch", nicht wie in „**Ei**": **aceite** (Öl)
eu	wie „äu" in „Jubil**äu**m", nicht wie in „H**eu**": **Europa** (Europa)

Mitlaute

Die meisten Mitlaute (Konsonanten) und Silben werden wie im Deutschen ausgesprochen. Nur das Zungen-R (ähnlich dem bayrischen R), das vor allem am Wortanfang stark gerollt wird, stellt vermutlich eine Umstellung dar.

Aber auch mit dem hochdeutschen Gaumen-R wird man Sie verstehen.

b, v	am Wortanfang wie „b" in „**B**ier": **viento** (Wind), **botella** (Flasche); im Wortinneren eher wie „w" in „**W**asser": **tabaco** (Tabak)

c	vor a, o, u wie „k“ in „**K**amm“: **casa** (Haus)
ce, ci	wie scharfes „ss“ in „Me**ss**er“: **centro** (Zentrum), **cine** (Kino)
ch	wie „tsch“ in „Pri**tsch**e“: **chocolate** (Schokolade)
ge, gi	wie raues „ch“ in „Ba**ch**“: **gente** (Leute)
gue, gui	wie in „**ge**ben“ bzw. „**Gi**tarre“: **guerra** (Krieg), **guía** (Führer)
h	wird nicht mitgesprochen: **hola** (hallo)
j	wie raues „ch“ in „Ba**ch**“: **naranja** (Orange)
ll	wie „j“ in „**J**unge“: **calle** (Straße)
ñ	wie „nj“ in „A**nj**a“: **mañana** (morgen)
qu	immer wie „k“, das u bleibt stumm: **queso** (Käse)
r	kurz gerolltes Zungenspitzen-R, am Wortanfang stark gerollt: **rueda** (Rad)
rr	stark gerolltes Zungenspitzen-R: **perro** (Hund)
s	wie scharfes „ss“ in „Me**ss**er“: **sol** (Sonne)
y	am Wortende und allein stehend wie „i“: **hoy** (heute), **y** (und); sonst wie „j“ in „**J**unge“: **desayuno** (Frühstück)
z	wie scharfes „ss“ in „Me**ss**er“: **plaza** (Platz)

Das u in gue / gui ist stumm und kennzeichnet nur, dass das g nicht wie raues „ch“ ausgesprochen wird. Die Kombination gua wird von vielen Peruanern wie engl. „w“ in „water“ (aber mit normalem „a“) gesprochen, also ganz ohne „g“-Laut (z. B. agua [Wasser] wie „awa“, das „w“ dabei mit gerundeten Lippen).

Diese Aussprache von ll gilt v. a. für die Küste. In den südlichen Anden (Cusco, Puno) wird ll jedoch wie „lj“ in „alljährlich“ ausgesprochen.

Den Buchstaben n können Sie ruhig immer wie im Deutschen aussprechen. Viele Peruaner sprechen aber n am Silbenende wie „ng“ in „lang“ aus. Pan „Brot“ klingt dann wie „pang“.

Betonung

Endet das Wort auf einen Selbstlaut (a, e, i, o, u), -n oder -s, wird die vorletzte Silbe betont.

desayuno	Frühstück
hablan	sie sprechen
vacaciones	Ferien
español	Spanisch
hablar	sprechen

Ansonsten liegt die Betonung immer auf der letzte Silbe.

Wörter mit einem Akzentzeichen werden immer auf der entsprechenden Silbe betont.

café	Kaffee
teléfono	Telefon

Akzente setzt man auch auf Fragewörter und um gleichlautende Wörter voneinander zu unterscheiden.

¿cómo?	**el – él**
wie?	der – er

Satzzeichen, Groß- & Kleinschreibung

Im Spanischen stehen in Frage- und Ausrufesätzen die Satzzeichen auch am Satzanfang, und zwar auf dem Kopf stehend (¿, ¡).

Wie im Englischen werden nur Eigennamen und Satzanfänge groß geschrieben, alle anderen Wörter werden klein geschrieben.

¡Hola!	Hallo!
¿Qué tal?	Wie geht's?

Kauderwelsch-AusspracheTrainer

*Falls Sie sich die wichtigsten spanischen Sätze, die in diesem Buch vorkommen, einmal von einem Einheimischen gesprochen anhören möchten, kann Ihnen Ihre Buchhandlung den **AusspracheTrainer** zu diesem Buch besorgen. Sie bekommen ihn auch über unseren Internetshop **www.reise-know-how.de** Alle Sätze, die Sie auf dem **Kauderwelsch-AusspracheTrainer** hören können, sind in diesem Buch mit einem 👂 gekennzeichnet.*

Wörter, die weiterhelfen

Mit den folgenden Ausdrücken kann man schon das Wichtigste auf Spanisch sagen:

Quiero ...	**Ich möchte ...**

Quiero un pasaje.
(ich-)will ein Passage
Ich möchte einen Fahrschein.

Quiero un café.
(ich-)will ein Kaffee
Ich möchte einen Kaffee.

Quiero una habitación.
(ich-)will eine Zimmer
Ich möchte ein Zimmer.

¿Hay ... ?	**Gibt es ... ?**

¿Hay un restaurant?
es-gibt ein Restaurant
Gibt es ein Restaurant?

¿Hay una farmacia?
es-gibt eine Apotheke
Gibt es eine Apotheke?

Sí, hay.
ja es-gibt
Ja, gibt es.

No, no hay.
nein nicht es-gibt
Nein, gibt es nicht.

¿Dónde está ... ? Wo ist ... ?

¿Dónde está el baño?
Wo ist die Toilette?

¿Dónde está la estación?
Wo ist der Bahnhof?

¿Dónde está el hotel?
Wo ist das Hotel?

Die wichtigsten Richtungsangaben sind:

todo recto	geradeaus
a la izquierda	links
a la derecha	rechts

¿Cuánto cuesta ... ? Wie viel kostet ...?

¿Cuánto cuesta la entrada?
Wie viel kostet der Eintritt?

¿Cuánto cuesta el mapa?
Wie viel kostet die Landkarte?

¿Cuánto cuesta esto?
Wie viel kostet das?

Hauptwörter

Anders als im Deutschen werden Hauptwörter (Substantive) nicht gebeugt.

grammatisches Geschlecht

Die spanischen Hauptwörter sind entweder männlich (abgekürzt „*m*“) oder weiblich („*w*“). Ein sächliches Geschlecht („das“) gibt es im Spanischen nicht. Oft erkennt man das grammatische Geschlecht an der Wortendung. Es gibt allerdings einige Ausnahmen.

Artikel

Man unterscheidet zwischen bestimmtem (der, die) und unbestimmtem Artikel (ein, eine). Letzterer besitzt – anders als im Deutschen – eine Mehrzahlform, die man mit „mehrere“ oder „einige“ übersetzen kann.

bestimmter Artikel

	männlich		weiblich	
Ez	**el**	der	**la**	die
Mz	**los**	die	**las**	die

unbestimmter Artikel

	männlich		weiblich	
Ez	**un**	ein	**una**	eine
Mz	**unos**	einige	**unas**	einige

Endungen

Männliche Hauptwörter enden meist auf ...

männliche Endungen

-o	el libro	das Buch
-r	un bar	eine Bar
-l	el hotel	das Hotel
-n	un alemán	ein Deutscher

Ausnahmen

la mano	die Hand
la moto	das Motorrad
la foto	das Foto

Viele Hauptwörter auf -ama, -ema, -oma sind männlich:

el problema	das Problem
el programa	das Programm

Weibliche Hauptwörter enden meist auf ...

weibliche Endungen

-a	la plaza	der Platz
-d	una ciudad	eine Stadt
-z	la paz	der Frieden
-ción	una estación	ein Bahnhof

Ausnahmen

el día	der Tag
el mapa	die Landkarte
el avión	das Flugzeug
el camión	der LKW

Einige Wörter, die in Spanien weiblich sind, gelten in Lateinamerika als männlich, z. B.:

el radio	das Radio
el sartén	die Pfanne
el vuelto	das Wechselgeld

Das grammatische Geschlecht wird in den Tabellen im Text und in den Wörterlisten nur dann gekennzeichnet, wenn es nicht eindeutig ist. Hat ein Hauptwort eine andere Endung als hier angegeben und ist es nicht gekennzeichnet, so ist es männlich.

Weibliche Hauptwörter, die mit einem betonten a- oder ha- beginnen, stehen zur besseren Aussprache mit dem männlichen Artikel.

el agua	das Wasser
el alma	die Seele

Im sprachlichen Gebrauch (z. B. Adjektive) bleiben sie jedoch weiblichen Geschlechts.

Mehrzahl

Endet das Hauptwort auf einen Selbstlaut, hängt man einfach -s an, ansonsten -es.

la niña	das Mädchen
las niñas	die Mädchen
el pan	das Brot
los panes	die Brote

Verkleinerung

Eine hübsche Sitte in Peru, wie auch in anderen lateinamerikanischen Ländern, ist es, die Verkleinerungsform von Hauptwörtern zu verwenden. Dies ist nicht nur als Verniedlichung gemeint, sondern einfach Ausdruck der Herzlichkeit. Als Endungen dienen hierbei meistens -ito *(m)* oder -ita *(w)*.

Außerdem werden im peruanischen Spanisch auch Vergrößerungssilben häufig verwendet, die ebenfalls emotionale Wertungen zum Ausdruck bringen, so etwa -ote, *weibl.* -ota *(z. B.* besote *„dicker Kuss, Schmatzer") oder* -azo, *weibl.* -aza *(z. B.* buenazo *„supergut, herzensgut [Person]").*

la casa	das Haus
la casita	das Häuschen
un beso	ein Kuss
un besito	ein Küsschen

Die Angewohnheit zu „verkleinern" betrifft nicht nur Hauptwörter, sondern hat auf fast alle Wortarten übergriffen. So wurde aus chico (klein) chiquito, oder noch niedlicher chiquitito (klitzeklein); acá (hier) wird zu acacito („hierchen" = gleich hier), und ahora (jetzt) zu ahorita („jetzt-chen"), womit allerdings nicht unbedingt „jetzt gleich" oder gar „sofort" gemeint sein muss!

Dieses & Jenes

Man hört este *auch als bedeutungsloses Füllwort, wenn einem nicht gleich das richtige Wort einfällt, also im Sinne von „äähm".*

Während wir im Deutschen nur „dieses" und „jenes" unterscheiden, kennt man im Spanischen drei hinweisende Fürwörter: este verweist auf Sachen und Personen, die sich nahe beim Sprecher befinden, ese auf etwas, was in der Nähe des Angesprochenen ist, und aquel auf örtlich oder zeitlich vom Sprecher und vom Hörer weiter Entferntes.

Die hinweisenden Fürwörter stehen vor dem Hauptwort, auf das sie sich beziehen, und richten sich in Zahl und Geschlecht nach diesem.

esto	**dies (hier bei mir)**
este libro *(m Ez)*	dieses Buch
esta casa *(w Ez)*	dieses Haus
estos libros *(m Mz)*	diese Bücher
estas casas *(w Mz)*	diese Häuser
eso	**das da (bei dir)**
ese perro *(m Ez)*	der Hund da
esa mochila *(w Ez)*	der Rucksack da
esos hoteles *(m Mz)*	diese Hotels da
esas cartas *(w Mz)*	diese Briefe
aquello	**jenes dort (bei ihm)**
aquel pueblo *(m Ez)*	jenes Dorf
aquella noche *(w Ez)*	jene Nacht
aquellos hombres *(m Mz)*	jene Männer / Menschen
aquellas mujeres *(w Ez)*	jene Frauen

Ese, esa usw. wird oft auch abwertend gebraucht, z. B. ese tipo (der Typ da).

Die Formen esto, eso und aquello ersetzen Hauptwörter und stehen immer allein.

¿Qué es esto / eso / aquello?
Was ist dies / das da / jenes?

Esto es un mapa.
Das ist eine Landkarte.

Eso wird häufig auch in feststehenden Wendungen gebraucht.

Eso es.
Stimmt.

Eso sí / no.
(verstärktes) Ja. / Nein.

Besitzanzeigende Fürwörter

Die besitzanzeigenden Fürwörter (Possessivpronomen) stehen immer vor dem Hauptwort, auf das sie sich beziehen. Im peruanischen Spanisch unterscheidet nur nuestro (unser), ob es sich auf ein männliches oder weibliches Hauptwörter bezieht.

Achtung: su *kann sich auf ganz verschiedene Personen beziehen.*

mi	mein	**nuestro / -a**	unser
tu	dein	**su**	euer
su	sein / ihr / Ihr	**su**	ihr / Ihr

Die Mehrzahl wird durch Anhängen von -s gebildet:

Während man in Spanien bei der allgemeinen Besitzer Konstruktion nur das Verhältniswort de *„von" zwischenschiebt (*el amigo de Carlos *„Carlos' Freund", verwendet man in der peruanischen Umgangssprache häufig zusätzlich das besitzanzeigende Fürwort:* su amigo de Carlos *„Carlos' Freund".*

mi carro mein Auto	**mis carros** meine Autos
tu hermana deine Schwester	**tus hermanas** deine Schwestern
su amigo sein / ihr / euer / Ihr Freund	**sus amigos** seine / ihre / eure / Ihre Freunde
nuestro cuarto unser Zimmer	**nuestros cuartos** unsere Zimmer
nuestra profesora unsere Lehrerin	**nuestras profesoras** unsere Lehrerinnen

Will man ausdrücken, dass etwas mir, dir usw. gehört, verwendet man die betonten Formen der besitzanzeigenden Fürwörter. Diese werden durch das Verb „sein" vom Hauptwort getrennt und stimmen mit ihm in Geschlecht und Zahl überein. Für die weibliche Form wird die Endung -o durch -a ersetzt, für die Mehrzahl wird jeweils ein -s angehängt.

Grammatisch präziser ausgedrückt: Man verwendet die betonten Formen, wenn das besitzanzeigende Fürwort ergänzender Bestandteil der Satzaussage (des Prädikats) ist oder anstelle eines Hauptworts im Satz verwendet wird (d. h. nicht als Begleiter oder nähere Bestimmung eines im Satz vorkommenden Hauptworts).

mío	meiner	**nuestro**	unserer
tuyo	deiner	**suyo**	eurer
suyo	seiner / ihrer	**suyo**	ihrer / Ihrer

¿Este perro es tuyo?
dieser Hund (er-)ist deiner
Gehört dieser Hund dir?

Estas maletas son mías.
diese Koffer (sie-)sind meine
Diese Koffer gehören mir.

Chimú-Ruinen von Chan Chan bei Trujillo

Eigenschaftswörter

Anders als im Deutschen stehen Eigenschaftswörter (Adjektive) meist nach dem Hauptwort, auf das sie sich beziehen, und richten sich in Geschlecht und Zahl immer nach diesem.

Man unterscheidet zwei Gruppen:

Eigenschaftswörter auf -o

Alle Eigenschaftswörter, die auf -o enden, bilden die weibliche Form auf -a, für die Mehrzahl wird jeweils -s angehängt.

el libro bonito
das Buch hübsch
das schöne Buch

los libros bonitos
die Bücher hübsche
die schönen Bücher

la chica bonita
die Mädchen hübsche(w)
das schöne Mädchen

las chicas bonitas
die Mädchen hübsche(Mz)
die schönen Mädchen

Bezieht sich das Eigenschaftswort auf Personen und Sachen unterschiedlichen (grammatischen) Geschlechts, so verwendet man in der Mehrzahl die männliche Form.

Juana y Pedro son muy simpáticos.
Juana und Pedro (sie-)sind sehr sympathische
Juana und Pedro sind sehr sympathisch.

alle übrigen Eigenschaftswörter

Alle anderen Eigenschaftswörter haben nur eine gemeinsame Endung für beide grammatischen Geschlechter. In der Mehrzahl wird -s (nach einem Selbstlaut) bzw. -es (nach einem Mitlaut) angehängt.

la película interesante
die Film interessant
der interessante Film

las películas interesantes
die Filme interessante
die interessanten Filme

el libro interesante
der Buch interessant
das interessante Buch

los libros interesantes
die Bücher interessante
die interessanten Bücher

el carro azul
der Wagen blau
der blaue Wagen

los carros azules
die Wagen blaue
die blauen Wagen

Kurzformen

Einige wenige Eigenschaftswörter können auch vor dem Hauptwort stehen. Für das männliche Eigenschaftswort in der Einzahl benutzt man dann allerdings eine verkürzte Form.

Eigenschaftswörter

bueno	gut
un buen amigo	ein guter Freund
malo	schlecht
mal humor	schlechte Laune
alguno	irgendein
algún hombre	irgendein Mann / Mensch
ninguno	kein
ningún chico	kein Junge

Grande (groß) wird sowohl in der weiblichen als auch männlichen Form Einzahl verkürzt, wenn es vor dem Hauptwort steht.

un gran hombre	ein großer Mann
una gran mujer	eine große Frau

Die Eigenschaftswörter mucho (viel), poco (wenig) und otro (ein anderer) stehen immer vor dem Hauptwort. Vor otro steht übrigens nie der unbestimmte Artikel.

mucho tiempo	viel Zeit
poco dinero	wenig Geld
otra amigo	eine andere Freundin

Der Zug Cusco – Machu Picchu vor Aguas Calientes

Umstandswörter

Mit Umstandswörtern kann man Tätigkeitswörter hinsichtlich der Art und Weise des Geschehens näher beschreiben. Um Umstandswörter aus Eigenschaftswörtern abzuleiten, hängt man an die weibliche Form des Eigenschaftswortes die Endung -mente.

lento *(m)* / **lenta** *(w)*	langsam
lentamente	langsam *(Umst.)*
frecuente *(m/w)*	häufig
frecuentemente	häufig *(Umst.)*

In der Wort-für-Wort-Übersetzung steht die Abkürzung „Umst.“.

El tiempo está mejorando lentamente.
der Wetter (er-)befindet-s. bessernd langsam(Umst.)
Langsam wird das Wetter besser.

Dies kommt in Peru häufiger vor als in Spanien. Nur in bestimmten Fällen (z. B. „schnell fahren“) gilt es aber als grammatikalisch korrekt.

Vielfach verwendet man aber auch Eigenschaftswörter in der männlichen Form anstelle der abgeleiteten Umstandswörter.

El carro corre rápido.
der Wagen (er-)läuft schnell
Das Auto fährt schnell.

¡Qué bonito la niña canta!
was hübsch die Mädchen (sie-)singt
Wie schön das Mädchen singt!

Einige Umstandswörter sind unregelmäßig:

bueno	gut
bien	gut *(Umst.)*
malo	schlecht
mal	schlecht *(Umst.)*

Steigern & Vergleichen

Eigenschaftswörter lassen sich auf zwei verschiedene Arten steigern bzw. „verstärken".

Verstärken

Im peruanischen Slang setzt man zu diesem Zweck übrigens auch recontra- *vor das nicht gesteigerte Eigenschaftswort:* recontrabarato *„superbillig".*

Zur Verstärkung stellt man entweder muy voran oder hängt die Endung -ísimo / -ísima an das Eigenschaftswort.

Esta comida es muy barata.
diese Essen (sie-)ist sehr billige
Dieses Essen ist sehr billig.

Esta comida es baratísima.
diese Essen (sie-)ist billigste
Dieses Essen ist spottbillig.

Steigern

Um Eigenschaftswörter zu steigern, stellt man das Wort más (mehr) dem Eigenschaftswort voran (Komparativ). Die Höchststufe (Superlativ) baut auf dem Komparativ auf, benötigt aber darüber hinaus noch den bestimmten Artikel des zugehörigen Hauptwortes. Dient das Eigenschaftswort in der Höchststufe als Begleiter des Hauptworts, steht der Artikel nur beim Hauptwort.

nuevo	**más nuevo**	**el más nuevo**
neu	neuer	neuester

Este carro es el más nuevo de todos.
dieser Wagen (er-)ist der mehr neu von alle
Dieser Wagen ist der neueste von allen.

las noticias más nuevas
die Nachrichten mehr neue
die neuesten Nachrichten

Einige Eigenschaftswörter haben eine unregelmäßige Steigerungsformen, dabei entfällt das ansonsten vorangestellte más.

bueno	gut	**mejor**	besser
malo	schlecht	**peor**	schlechter
grande	groß	**mayor**	größer
pequeño	klein	**menor**	kleiner
mucho	viel	**más**	mehr
poco	wenig	**menos**	weniger

Statt mayor *oder* menor *sagt man aber in Peru fast immer* más grande *bzw.* más pequeño.

Auf Personen bezeugen bedeuten mayor und menor allerdings nicht „größer" bzw. „kleiner", sondern „älter" bzw. „jünger".

Und genau in diesem Zusammenhang werden die unregelmäßigen Formen dann auch in Peru wieder häufiger verwendet.

una persona mayor
eine Person größer
eine ältere Person

un hermano menor
ein Bruder kleiner
ein jüngerer Bruder

Vergleichen

Will man Sachen oder Personen miteinander vergleichen, die unterschiedlich sind, so stellt man dem Eigenschaftswort más (mehr) bzw. menos (weniger) voran, es folgt que (als) und das Vergleichsobjekt. Auch in Vergleichssätzen richtet sich das Eigenschaftswort in Zahl und Geschlecht nach dem Bezugswort.

Este carro es más caro que el viejo.
dieser Wagen (er-)ist mehr teuer als der alte
Dieses Auto ist teurer als das alte.

In Peru wird der Ortsname Cusco *meist mit dem männlichen Artikel verwendet (ähnlich wie auch* el Perú*).*

El Cusco es menos grande que Arequipa.
der Cusco (er-)ist weniger groß als Arequipa
Cusco ist kleiner als Arequipa.

Este guía es mejor que ese.
dieser Fremdenführer (er-)ist besser als der-da
Dieser Fremdenführer ist besser als der da.

Peruaner sind ja ohnehin eher zurückhaltend bei der Verwendung dieser Formen. Umgangssprachlich sagt man daher hier auch más fácil.

Umstandswörter werden im Prinzip genauso gesteigert wie die Eigenschaftwörter. Allerdings klingen die Formen auf -mente in der Steigerung manchmal recht schwerfällig.

Con lentes podrías leer la carta más fácilmente.
mit Linsen (du-)könntest lesen die Brief mehr einfach(Umst.)
Mit Brille könntest du den Brief leichter lesen.

Die Gleichheit hinsichtlich einer Eigenschaft drückt man mit tan ... como (so ... wie) aus.

Susana es tan bonita como su hermana.
Susana (sie-)ist so hübsche wie ihre Schwester
Susana ist ebenso hübsch wie ihre Schwester.

Sein & Haben

Der Gebrauch des Tätigkeitsworts (Verbs) „sein" erfordert ein wenig Umdenken, denn dafür stehen im Spanischen gleich zwei verschiedene Wörter zur Verfügung.

Übrigens gilt für alle Tätigkeitswörter im Spanischen, dass das persönliche Fürwort („ich, du, er" usw.) entfällt, da man die handelnde Person eindeutig (bis auf eine Ausnahme) an der Endung erkennen kann.

Sein

ser	estar	
soy	estoy	ich bin
eres	estás	du bist
es	está	er/sie ist
somos	estamos	wir sind
son	están	ihr seid
son	están	sie sind

Die beiden Hilfsverben ser (sein) und estar (sein, sich befinden) können nicht austauschbar verwendet werden.

Ser gebraucht man für unveränderbare oder wesensmäßige Eigenschaften, z. B. die Angabe von Herkunft, Nationalität, Beruf, Charakter, Zahlen, Daten.

Somos estudiantes de Alemania.
(wir-)sind Studenten von Deutschland
Wir sind Studenten aus Deutschland.

Soy Maribel Paredes.
(ich-)bin Maribel Paredes
Ich bin Maribel Paredes.

Mi hermana es profesora.
meine Schwester (sie-)ist Lehrerin
Meine Schwester ist Lehrerin.

Hoy es miércoles.
heute (er-)ist Mittwoch
Heute ist Mittwoch.

Son veinte soles.
(sie-)sind zwanzig Soles
Das macht 20 Soles.

Ein Eigenschaftswort richtet sich auch als Ergänzung der Satzaussage (des Prädikats) in Sätzen mit „sein" in Zahl und Geschlecht nach dem zugehörigen Hauptwort.

El pueblo es pequeño.
der Dorf (er-)ist klein
Das Dorf ist klein.

Las chicas son simpáticas.
die Mädchen (sie-)sind sympathische
Die Mädchen sind sympathisch.

Kleiner Trick: estar *kann oft mit „sich derzeit befinden" übersetzt werden.*

Estar wird hingegen verwendet für veränderliche oder vorübergehende Zustände, z. B. bei Ortsangaben, Anwesenheit („da sein") oder körperlichem Befinden bzw. Stimmungen.

El hotel está en la calle Azángaro.
der Hotel (er-)befindet-sich in die Straße Azángaro
Das Hotel ist in der Azángaro-Straße.

María y Rosa están.
María und Rosa befinden-sich
María und Rosa sind da.

¿Cómo estás?
wie befindest-dich
Wie geht es dir?

Estoy cansado.
(ich-)befinde-mich müde
Ich bin müde.
(sagt ein Mann)

Estoy cansada.
(ich-)befinde-mich müde
Ich bin müde.
(sagt eine Frau)

Haben

Das deutsche „haben“ im Sinne von „besitzen“ heißt tener („ich habe / besitze ein Auto“). Es ist nicht zu verwechseln mit dem Hilfsverb haber (haben), das nur zur Bildung der zusammengesetzten Zeiten benötigt wird (z. B. „ich habe gesehen“)!

tener	
tengo	ich habe
tienes	du hast
tiene	er / sie hat
tenemos	wir haben
tienen	ihr habt
tienen	sie haben

Tener *ist ein unregelmäßiges Tätigkeitswort, also die Formen bitte gut einprägen!*

Tengo un carro.
(ich-)besitze ein Wagen
Ich habe / besitze ein Auto.

Tenemos hambre.
(wir-)besitzen Hunger
Wir haben Hunger.

Tätigkeitswörter

Die Grundform (Infinitiv) spanischer Tätigkeitswörter (Verben) setzt sich aus einem Stamm und einer der folgenden Endungen zusammen:

-ar	**hablar**	sprechen
-er	**comer**	essen
-ir	**vivir**	leben, wohnen

Gegenwart

Regelmäßige Tätigkeitswörter werden in der Gegenwart gebeugt, indem man die Endung der Grundform durch die entsprechende Personalendung ersetzt. Anders als im Deutschen verrät bereits diese Endung, wer gemeint ist. Die persönlichen Fürwörter können also entfallen (jedenfalls die für den Satzgegenstand stehenden). Je nach Endung werden drei Beugungsgruppen unterschieden:

	-ar	**-er**	**-ir**
	hablar	**comer**	**vivir**
	sprechen	essen	leben
ich	**habl-o**	**com-o**	**viv-o**
du	**habl-as**	**com-es**	**viv-es**
er/sie, Sie (Ez)	**habl-a**	**com-e**	**viv-e**
wir	**habl-amos**	**com-emos**	**viv-imos**
ihr	**habl-an**	**com-en**	**viv-en**
sie, Sie (Mz)	**habl-an**	**com-en**	**viv-en**

In allen lateinamerikanischen Ländern, so auch in Peru, unterscheidet man anders als in Spanien nicht zwischen der „ihr“-Form (2. Pers. *Mz.*) und der „sie“-Mehrzahl-Form.

Zur höflichen Anrede wird die Form der 3. Person des Tätigkeitswortes verwendet, und zwar entweder die der Ein- oder die der Mehrzahl, je nachdem, ob eine oder mehrere Personen angesprochen werden.

Habla alemán.	**Viven acá?**
(er-/sie-)spricht deutsch	*(sie-)leben hier*
Sie sprechen Deutsch.	Wohnen Sie hier?
(zu einer Person)	*(zu mehreren Personen)*

Abweichungen vom Beugungsschema

Eine Reihe von ansonsten regelmäßig gebeugten Tätigkeitswörtern verändert lediglich ihren Stamm.

1. Gruppe: Ein -e- im Stamm wird außer in der „wir“-Form zu -ie- erweitert.

querer	wollen, lieben
quiero	ich will
quieres *(usw.)*	du willst
aber: **queremos**	wir wollen

2. Gruppe: Ein -o- im Stamm wird außer in der „wir“-Form zu -ue- erweitert.

poder	können
puedo	ich kann
puedes *(usw.)*	du kannst
aber: **podemos**	wir können

Alle wichtigen Tätigkeitswörter mit diesen Veränderungen finden sich in der Wörterliste im Anhang und sind mit einem Sternchen (*) gekennzeichnet.

3. Gruppe: Die meisten Tätigkeitswörter, die auf -cir / -cer enden, haben eine unregelmäßige „ich"-Form: Vor der Personalendung -o erweitert sich das -c- des Stammes zu -zc-. Alle anderen Formen werden regelmäßig gebildet.

conocer (kennen)	**conozco** (ich kenne)
traducir (übersetzen)	**traduzco** (ich übersetze)

Auch bei verschiedenen anderen Tätigkeitswörtern ist nur die „ich"-Form unregelmäßig. Diese sollte man lernen, denn es handelt sich hierbei um häufig gebrauchte Wörter, und gerade diese eine Form wird man wohl oft anwenden und hören.

hacer (machen)	**hago** (ich mache)
oír (hören)	**oigo** (ich höre)
saber (wissen)	**sé** (ich weiß)
salir (weggehen)	**salgo** (ich gehe weg / aus)
traer (bringen)	**traigo** (ich bringe)
ver (sehen)	**veo** (ich sehe)

unregelmäßige Tätigkeitswörter

Schließlich gibt es noch eine Reihe unregelmäßiger Tätigkeitswörter, deren Bildungsweise sich durch den häufigen Gebrauch „verschliffen“ hat. Diese häufig gebrauchten Gegenwartsformen sollte man am besten auswendig lernen.

ir	**venir**	**decir**	**dar**	
gehen	kommen	sagen	geben	
voy	**vengo**	**digo**	**doy**	*ich*
vas	**vienes**	**dices**	**das**	*du*
va	**viene**	**dice**	**da**	*er/sie, Sie (Ez)*
vamos	**venimos**	**decimos**	**damos**	*wir*
van	**vienen**	**dicen**	**dan**	*ihr*
van	**vienen**	**dicen**	**dan**	*sie, Sie (Mz)*

Frischer Fruchtsaft vom Marktstand

Modalverben

Modalverben stehen normalerweise nur zusammen mit einem anderen Tätigkeitswort und geben der Satzaussage einen zusätzlichen Bedeutungsaspekt, z. B. den der Verpflichtung, der Fähigkeit, der Möglichkeit oder der Notwendigkeit. Jedoch stimmt die Bedeutung der spanischen Modalverben nicht immer exakt mit der der deutschen überein.

Das Modalverb steht immer vor dem jeweiligen Tätigkeitswort, das wiederum in der unveränderten Grundform gebraucht wird.

poder (können, dürfen)

Poder bezeichnet eine Erlaubnis (dürfen) oder eine Fähigkeit (können: „ich kann ..., weil ich nicht daran gehindert werde").

puedo	ich kann / darf
puedes	du kannst
puede	er / sie kann
podemos	wir können
pueden	ihr könnt
pueden	sie können

Puedes fumar aquí.
(du-)kannst rauchen hier
Du kannst / darfst hier rauchen.

saber (wissen, können)

Saber hat in erster Linie die Bedeutung „wissen“, bezeichnet aber auch eine angeborene oder erlernte Fähigkeit („können“).

sé	ich kann
sabes	du kannst
sabe	er / sie kann
sabemos	wir können
saben	ihr könnt
saben	sie können

Sé hablar castellano.
(ich-)weiß sprechen kastilisch
Ich kann Spanisch sprechen.

tener que (müssen)

Mit tener que wird eine Verpflichtung bzw. ein äußerer Zwang angezeigt.

tengo que	ich muss
tienes que	du musst
tiene que	er muss
tenemos que	wir müssen
tienen que	ihr müsst
tienen que	sie müssen

Tengo que bajar ahora.
(ich-)besitze dass hinuntersteigen jetzt
Ich muss jetzt aussteigen.

Rückbezügliche Tätigkeitswörter

Rückbezügliche Tätigkeitswörter (Reflexivverben) erkennt man an der zusätzlichen Endung -se in der Grundform. Bei der Beugung trennt sich -se von der Grundform und wird zu einem selbständigen rückbezüglichen Fürwort, das vor dem Tätigkeitswort steht.

lavarse	sich waschen
me lavo	ich wasche mich
te lavas	du wäschst dich
se lava	er / sie wäscht sich
nos lavamos	wir waschen uns
se lavan	ihr wascht euch
se lavan	sie waschen sich

Nicht alle Tätigkeitswörter, die im Spanischen rückbezüglich sind, sind auch im Deutschen rückbezüglich und umgekehrt.

llamarse	heißen
quedarse	bleiben
levantarse	aufstehen
irse	weggehen

Me llamo Manuel.
mich (ich-)rufe Manuel
Ich heiße Manuel.

Nos quedamos una semana.
uns (wir-)bleiben eine Woche
Wir bleiben eine Woche.

Unpersönliche Aussagen

Das rückbezügliche Fürwort der 3. Person se dient außerdem als das unpersönliche „man“. Das Verb wird wie im Deutschen in der 3. Person Einzahl („er / sie“) gebeugt.

Se vive bien.
sich (es-)lebt gut
Man lebt gut.

Se vende casa.
sich (sie-)verkauft Haus
Haus zu verkaufen.

Se puede fumar aquí.
sich (es-)kann rauchen hier
Man kann / darf hier rauchen.

Das unpersönliche „es gibt“ heißt im Spanischen ganz einfach hay.

Hay una farmacia aquí.
es-gibt eine Apotheke hier
Es gibt hier eine Apotheke.

Hay un restaurant.
es-gibt ein Restaurant
Es gibt ein Restaurant.

Der unpersönliche Ausdruck hay que wird mit „man muss“ übersetzt.

Hay que trabajar mucho.
es-gibt dass arbeiten viel
Man muss viel arbeiten.

Vergangenheit & Zukunft

Um ein Geschehen in der Vergangenheit auszudrücken, stehen dem Spanischsprechenden gleich vier Zeiten zur Verfügung. In Gesprächen kommt es aber gar nicht darauf an, alle immer korrekt anzuwenden. Man muss sich verständlich machen können und andere verstehen. Deshalb werden hier nur zwei Zeiten der Vergangenheit und eine der Zukunft erklärt.

vollendete Gegenwart

Die vollendete Gegenwart (Perfekt), z. B. „ich habe gesehen", wird im Spanischen für Handlungen verwendet, die in der Vergangenheit begonnen haben und bis in die Gegenwart andauern bzw. Konsequenzen haben. Sie wird gebildet, indem das gebeugte Hilfsverb haber (haben, auch: sein) mit dem Mittelwort (Partizip) der Vergangenheit kombiniert wird.

haber

Anders als im Deutschen bilden im Spanischen nämlich alle Verben ihre vollendete Gegenwart mit „haben".

Haber (haben) wird nur zur Bildung der zusammengesetzten Zeiten benötigt (z. B. „ich habe gesehen"), ist also immer nur ein Hilfsverb. Es kann sogar auch mit „sein" übersetzt werden, wenn im Deutschen in der vollendeten Gegenwart das Hilfsverb „sein" benötigt wird (z. B. „ich bin gefahren").

he	ich habe / bin
has	du hast / bist
ha	er / sie hat / ist, Sie *(Ez)* haben
hemos	wir haben / sind
han	ihr habt / seid
han	sie / Sie *(Mz)* haben / sind

Verwechseln Sie haber *nicht mit* tener *(haben = besitzen)!*

Mittelwort der Vergangenheit

In den zusammengesetzten Zeiten wird wie im Deutschen das Mittelwort (Partizip) der Vergangenheit, z. B „gesehen" benötigt. Es wird regelmäßig gebildet, indem die Grundform-Endung des Tätigkeitswortes durch folgende Endungen ersetzt wird:

-ar	*wird zu*	**-ado:**	**hablar**	**–**	**hablado**
-er	*wird zu*	**-ido:**	**comer**	**–**	**comido**
-ir	*wird zu*	**-ido:**	**vivir**	**–**	**vivido**

In der Wörterliste werden unregelmäßige Partizipien in Klammern nach der Grundform des Tätigkeitswortes angegeben.

Unregelmäßige Partizipien kommen leider relativ häufig vor.

Hoy he comprado un mapa.
heute (ich-)habe gekauft ein Landkarte
Heute habe ich eine Landkarte gekauft.

Esta mañana hemos visitado Machu Picchu.
diese Morgen (wir-)haben besucht Machu Picchu
Heute früh haben wir Machu Picchu besichtigt.

Im peruanischen Spanisch benutzt man allerdings auch in diesen Sätzen sehr häufig die nachfolgend erwähnte einfache Vergangenheit.

Oft stehen folgende Zeitangaben bei der vollendeten Gegenwart:

hoy	heute
esta mañana	heute Morgen
esta semana	diese Woche
este año	dieses Jahr

Achtung: Im Deutschen klingt die einfache Vergangenheit oftmals hochgestochen und wird durch die vollendete Gegenwart (Perfekt) ersetzt. Dies ist im Spanischen anders: Die einfache Vergangenheit wird dort viel häufiger verwendet und darf auch meist nicht ersetzt werden.

einfache Vergangenheit

Die einfache Vergangenheit wird für Handlungen verwendet, die in der Vergangenheit abgeschlossen sind und nicht mit der Gegenwart in Verbindung stehen („ich sah“).

Für ihre Bildung wird der Stamm mit den Personalendungen der Vergangenheit kombiniert. Die Personalendungen der Tätigkeitswörter, die in der Grundform auf -er und -ir enden, sind gleich.

	-ar		**-er / -ir**	
	hablar	sprechen	**comer**	essen
ich	**habl-é**	sprach	**com-í**	aß
du	**habl-aste**	sprachst	**com-iste**	aßest
er/sie, Sie (Ez)	**habl-ó**	sprach	**com-ió**	aß
wir	**habl-amos**	sprachen	**com-imos**	aßen
ihr	**habl-aron**	spracht	**com-ieron**	aßt
sie, Sie (Mz)	**habl-aron**	sprachen	**com-ieron**	aßen

Diese Zeitstufe steht oft mit den nebenstehenden Zeitangaben.

ayer	gestern
la semana pasada	letzte Woche
el año pasado	letztes Jahr

Ayer comí en el restaurant.
gestern (ich-)aß in das Restaurant
Gestern aß ich im Restaurant.

La semana pasada Carlos visitó a su hermana.
die Woche vergangene Carlos besuchte an seine Schwester
Letzte Woche besuchte Carlos seine Schwester.

Zum Abschluss noch einige unregelmäßige Formen. Die Tätigkeitswörter ser und ir haben identische Vergangenheitsformen. Fui kann also heißen „ich war" oder „ich ging" usw.

In der peruanischen Umgangssprache hört man häufig in der einfachen Vergangenheit den seltsamen Ausdruck agarrar *(„zupacken")* + y + *weiteres Verb. Dieses* agarrar *hat hier keine wirkliche Bedeutung und heißt nur „und dann (plötzlich)":*
Agarré y me fui.
„Und dann ging ich weg."

ser / ir	**estar**	
sein / gehen	sein, sich befinden	
fui	**estuve**	*ich*
fuiste	**estuviste**	*du*
fue	**estuvo**	*er/sie, Sie (Ez)*
fuimos	**estuvimos**	*wir*
fueron	**estuvieron**	*ihr*
fueron	**estuvieron**	*sie, Sie (Mz)*

Zukunft

Die in Peru gebräuchlichste Art, eine Handlung in der Zukunft auszudrücken, ist die Konstruktion ir a (gehen zu) + Grundform des jeweiligen Tätigkeitswortes. Nur das bereits bekannte unregelmäßige Tätigkeitswort ir wird dabei gebeugt.

Voy a venir mañana.
(ich-)gehe zu kommen morgen
Ich werde morgen kommen.

El bus va a salir pronto.
der Bus (er-)geht zu abfahren bald
Der Bus wird bald abfahren.

Vamos a ver.
(wir-)gehen zu sehen
Wir werden sehen.

Persönliche Fürwörter

Persönliche Fürwörter in Subjektsfunktion werden im Spanischen weitaus seltener gebraucht als im Deutschen, denn die gebeugte Form des Tätigkeitswortes ist eindeutig. Sie dienen nur der Hervorhebung der Person oder um einen Kontrast auszudrücken.

yo	ich
tú	du
él / ella	er / sie *(w)*
usted	Sie (höfliche Anrede, *Ez*)
nosotros / -as	wir *(m/w)*
ustedes	ihr
ellos / ellas	sie *(m/w Mz)*
ustedes	Sie (höfliche Anrede, *Mz*)

Entsprechend den Verhältnissen bei den Verb-Endungen besteht ein Unterschied zum Spanischen Spaniens darin, dass man in Lateinamerika für die „ihr“-Form ustedes anstatt vosotros benutzt. In der 1. Person Mehrzahl (wir) und der 3. Person Mehrzahl (sie *Mz*) unterscheidet man, ob es sich um eine männliche oder weibliche Gruppe handelt. Bei gemischten Gruppen verwendet man die männliche Form.

Bei der höflichen Anrede wird zwischen Einzahl (usted) und Mehrzahl (ustedes) unterschieden. In der Schriftsprache werden diese Fürwörter oft mit Ud. bzw. Uds. abgekürzt.

Él es peruano, yo no.
er ist Peruaner ich nein
Er ist Peruaner, ich nicht.

Y tú, ¿dónde vives?
und du wo (du-)wohnst
Und wo wohnst du?

betonte Objekt-Fürwörter

Zusammen mit Verhältniswörtern benutzt man die betonten Fürwort-Varianten, z. B.:

a mí	mich, mir
a ti	dich, dir
a él / a ella	ihm, ihn / sie *(Ez)*, ihr
a usted	Sie, Ihnen *(Ez)*
a nosotros	uns
a ustedes	euch
a ellos / a ellas	sie, ihnen *(m/w Mz)*
a ustedes	Sie, Ihnen *(Mz)*

Nur die „ich“- und die „du“-Form weichen von den Subjektsformen der Fürwörter ab.

Wem? oder Wen?

Während man die Grundformen der persönlichen Fürwörter im Spanischen meist vermeiden kann, sind deren unbetonte Beugungsformen unverzichtbar. Sie entsprechen den deutschen Fürwörtern im 3. und 4. Fall und antworten auf die Frage „wem?“ bzw. „wen?“. Anders als im Deutschen werden sie dem gebeugten Tätigkeitswort vorangestellt.

Der Unterschied zwischen 3. und 4. Fall wird also nur in der 3. Person (er, sie) deutlich.

wem?		**wen / was?**	
me	mir	**me**	mich
te	dir	**te**	dich
le	ihm, ihr Ihnen	**lo**	ihn, es, Sie *(m)*
		la	sie, Sie *(w)*
nos	uns	**nos**	uns
les	euch, ihnen, Ihnen	**los / las**	euch *(m/w)*, sie *(m/w Mz)*, Sie *(m/w Mz)*

Die hier genannten Objektsformen sind unbetont. Will man sie betont verwenden, z. B. als Kurzantwort auf eine Frage, muss man auf die auf der vorhergehenden Seite erwähnten Varianten, und zwar obligatorisch mit dem Verhältniswort a*, zurückgreifen.*

Me gusta esta música.
mir (sie-)gefällt diese Musik
Mir gefällt diese Musik.

Le doy el libro.
ihm/ihr/Ihnen (ich-)gebe das Buch
Ich gebe ihm / ihr / Ihnen das Buch.

Te entiendo.
dich (ich-)verstehe
Ich verstehe dich.

¿En serio, a mí?
in ernst zu mich
Echt, mich?

Die auf die Frage „wen?“ antwortenden Formen der 3. Person Einzahl / Mehrzahl (la, lo, los, las) richten sich in Geschlecht und Zahl nach dem Hauptwort, das sie ersetzen sollen.

Busco mi dinero.
(ich-)suche mein Geld
Ich suche mein Geld.

Lo busco.
es/ihn (ich-)suche
Ich suche es.

La quiero mucho.
sie (ich-)mag sehr
Ich mag sie sehr.

An Grundformen von Verben sowie an Befehlsformen werden die Kurzformen der Fürwörter wie Endungen angehängt.

z. B. Quiero comprarle un juguete.
„Ich will ihm / ihr ein Spielzeug kaufen“.

Verneinung

No bedeutet sowohl „nein“ als auch „nicht“. Als Verneinung der Satzaussage steht es immer vor dem Tätigkeitswort.

Está lejos?
(es-)befindet-sich weit
Ist es weit?

No.
nein
Nein.

No entiendo.
nicht (ich-)verstehe
Ich verstehe nicht.

No tengo dinero.
nicht (ich-)besitze Geld
Ich habe kein Geld.

Verneinung

Die Verneinungen „nichts", „niemand", „niemals" usw. werden nachgestellt. Sie werden darüber hinaus doppelt verneint: Das Verneinungswort der Satzaussage no (nicht) steht dabei vor dem Tätigkeitswort, das bedeutungstragende eigentliche Verneinungswort (z. B. nadie usw.) danach.

nada	nichts
nadie	niemand
nunca	niemals
en ninguna parte	nirgendwo
tampoco	auch nicht

No ha venido nadie.
nicht (er-/sie-)hat gekommen niemand
Es ist niemand gekommen.

No quiero nada.
nicht (ich-)will nichts
Ich möchte nichts.

No entfällt nur dann, wenn das eigentliche verneinende Wort zum Zweck der besonderen Hervorhebung ausnahmsweise vor dem Tätigkeitswort steht.

Nunca he dicho eso.
niemals (ich-)habe gesagt das-da
Niemals habe ich das gesagt.

Fragen

Fragesätze beginnen immer mit einem „auf dem Kopf" stehenden Fragezeichen. Man unterscheidet zwischen Entscheidungsfragen und Ergänzungsfragen.

Entscheidungsfragen

Entscheidungsfragen enthalten kein Fragewort und werden typischerweise nur mit sí (ja) oder no (nein) beantwortet. Die Wortstellung entspricht dabei dem Deutschen.

Usted habla castellano.
Sie (er-/sie-)spricht kastilisch
Sie sprechen Spanisch.

¿Habla usted castellano?
(er-/sie-)spricht Sie kastilisch
Sprechen Sie Spanisch?

Es kann allerdings auch die Reihenfolge des Aussagesatzes beibehalten werden. In diesem Fall steigt die Stimme am Satzende an, um den Satz als Frage zu kennzeichnen.

¿Usted habla castellano?
Sie (er-/sie-)spricht kastilisch
Sprechen Sie Spanisch?

¿Nos llamas?
uns (du-)anrufst
Rufst du uns an?

Ergänzungsfragen

Ergänzungsfragen stehen mit Fragewörtern und verlangen einen vollständigen Satz als Antwort.

Die Fragewörter tragen immer ein Akzentzeichen.

¿quién?	wer?
¿cuál?	welche/-r?
¿qué?	was?
¿cómo?	wie?
¿por qué? *wegen was*	warum?
¿dónde?	wo?
¿adónde?	wohin?
¿de dónde? *von wo*	woher?
¿cuándo?	wann?
¿desde cuándo? *seit wann*	seit wann?
¿cuánto?	wie viel? *(Ez)*
¿cuántos / -as?	wie viele? *(m/w Mz)*

Cuántos *wird für männliche Hauptwörter in der Mehrzahl gebraucht,* cuántas *für weibliche.*

¿De dónde eres?
von wo (du-)bist
Woher kommst du?

Soy de Alemania.
(ich-)bin von Deutschland
Ich komme aus Deutschland.

¿Cuánto cuesta?
wie-viel (es-)kostet
Wie viel kostet das?

Cuesta diez soles.
(es-)kostet zehn Soles
Das kostet zehn Soles.

¿Qué es eso?
was (es-)ist das
Was ist das?

Es una tuna.
(es-)ist eine Kaktusfeige
Das ist eine Kaktusfeige.

¿Cuántas naranjas quieres?
wie-viele Orangen (du-)willst
Wie viele Orangen möchtest du?

Señor, ¿puedo ayudarle?
Herr (ich-)kann helfen-ihm
Kann ich Ihnen helfen?

¿Las fotos, me las das?
die Fotos mir sie (du-)gibst
Die Fotos, gibst du sie mir?

Schwimmende Insel der Urus auf dem Titicaca-See

Auffordern & Befehlen

Aufforderungssätze beginnen mit einem auf dem Kopf stehendem Ausrufezeichen. Aufforderungen an Personen, die man duzt, sind identisch mit der 3.-Person-Einzahl-Form (er, sie) des Tätigkeitswortes.

habla	er / sie spricht	**¡habla!**	sprich!
come	er / sie isst	**¡come!**	iss!
abre	er / sie öffnet	**¡abre!**	öffne!

Fordert man Personen auf, die man siezt, wird der Selbstlaut der Befehls-Endung bei Verben auf -ar durch -e, und auf -er / -ir durch -a ersetzt.

tomar	nehmen	**¡Tome!**	Nehmen Sie!
leer	lesen	**¡Lea!**	Lesen Sie!
escribir	schreiben	**¡Escriba!**	Schreiben Sie!

Fordert man mehrere Personen auf, so wird jeweils noch ein -n angehängt. Die höflichen Fürwörter werden der Aufforderung meistens auch noch nachgestellt.

Grundform: disculpar

¡Disculpe usted!
entschuldige! Sie(Ez)
Entschuldigen Sie!

¡Disculpen ustedes!
entschuldigen! Sie(Mz)
Entschuldigen Sie!

Manche der am häufigsten verwendeten Befehlsformen werden allerdings unregelmäßig gebildet:

¡ven!	komm!	**¡venga!**	kommen Sie!
¡di!	sag!	**¡diga!**	sagen Sie!
¡oye!	höre!	**¡oiga!**	hören Sie!
¡pon!	stelle / lege!	**¡ponga!**	stellen / legen Sie!
¡trae!	bring!	**¡traiga!**	bringen Sie!
¡sé!	sei!	**¡sea!**	seien Sie!

Die Verneinung von Aufforderungen („komm nicht!") verlangt im Spanischen sehr viel mehr Grammatikkenntnisse, sofern man sich duzt. Aber man wird auch verstanden, wenn man einfach no vor die Befehlsform setzt.

Wenn man sich siezt, ist das sogar die grammatikalisch korrekte Ausdrucksweise: ¡No sea triste! *„Seien Sie nicht traurig!"*

Wolltuch-Verkäuferin in Tracht aus Cusco

Bindewörter

Typisch peruanisch ist der häufige Gebrauch von nachgestelltem pues: ¡Anda pues! *„Geh schon!“,* ¡Ya pues! *„Mach schon!“. Ebenso typisch ist* nomás *„nur, bloß, doch“:* cuesta dos soles nomás *„Kostet nur zwei Soles“,* ¡Pase nomás! *„Treten Sie doch ein!“*

Que *leitet Nebensätze ein. Es kann entweder dem deutschen „dass“ entsprechen oder ein (allerdings unveränderliches) Relativpronomen sein.*

Sätze und Satzteile verbindet man durch Bindewörter (Konjunktionen) miteinander.

y	und	**o**	oder
pero	aber	**porque**	weil
pues	nun, also	**que**	dass; der / die / das
si	wenn, ob	**sino**	sondern
cuando	als *(zeitl.)*	**aunque**	obwohl
mientras	während	**ni ... ni**	weder ... noch

la chica que conozco
die Mädchen welches (ich-)kenne
das Mädchen, das ich kenne

el señor que buscamos
der Mann welches (wir-)suchen
der Herr, den wir suchen

Pienso que Manuel está enfermo.
(ich-)denke dass Manuel (er-)sich-befindet krank
Ich denke, dass Manuel krank ist.

No sé si puedo venir.
nicht (ich-)weiß ob (ich-)kann kommen
Ich weiß nicht, ob ich kommen kann.

Si quieres te regalo esta foto.
wenn (du-)willst dir (ich-)schenke diese Foto
Wenn du willst, schenke ich dir dieses Foto.

Verhältniswörter

Verhältniswörter (Präpositionen) stehen wie im Deutschen vor dem Bezugswort, z. B. a Alemania (nach Deutschland), de Berlín (aus Berlin). Einige Verhältniswörter haben mehrere Verwendungsmöglichkeiten, die man im Deutschen auch unterschiedlich übersetzt.

Im peruanischen Spanisch gibt es auch ein eindeutiges Verhältniswort mit der Bedeutung „bei (jemandem zu Hause)", nämlich donde *(eigentlich „wo"). Dieses Wörtchen verbindet man ausnahmsweise mit der Subjektsform des Fürworts (also* donde yo *„bei mir zu Hause").*

a	zu, nach	**entre**	zwischen
bajo	unter	**hacia**	in Richtung
con	mit	**hasta**	bis *(zeitl.)*
contra	gegen	**para**	für
de	von, aus	**por**	wegen
desde	seit	**sin**	ohne
en	in	**sobre**	auf, über
durante	während	**según**	gemäß

Besondere Beachtung erfordern die Verhältniswörter a, de, en, para und por.

a (zu, nach)

Das Verhältniswort a drückt meistens eine Richtung aus („wohin?"), wird aber auch zur Angabe der Entfernung und der Uhrzeit („wann?") verwendet.

Viajamos a Lima.
(wir-)reisen zu Lima
Wir reisen nach Lima.

El correo está a un kilómetro.
der Post (er-)ist zu ein Kilometer
Die Post ist einen Kilometer entfernt.

de (von) De (von) wird zur Angabe der Herkunft (woher?) sowie für die Bildung von zusammengesetzten Hauptwörtern verwendet.

Somos de Alemania.
(wir-)sind von Deutschland.
Wir kommen aus Deutschland.

Umgangssprachlich: su casa de mi padre

la casa de mi padre	**taller de coches**
die Haus von mein Vater	*Werkstatt von Autos*
das Haus meines Vaters	Autowerkstatt

a / de + bestimmter Artikel Die Verhältniswörter a und de verschmelzen mit dem männlichen bestimmten Artikel Einzahl el zu al (zum) bzw. del (vom). Mit einem weiblichen Artikel oder einem Artikel in der Mehrzahl verschmelzen sie dagegen nie.

Voy al restaurant.	**Vengo a las diez.**
(ich-)gehe zu-das Restaurant	*komme zu die zehn*
Ich gehe zum Restaurant.	Ich komme um 10.

en (in, mit) En entspricht meistens dem deutschen „in“, wenn es sich um Orts- oder Zeitangaben handelt („wo?“, „innerhalb welcher Zeit?“). Auch bei der Angabe des Verkehrsmittels wird en gebraucht und entspricht dann dem deutschen „mit“.

Estoy en casa.
(ich-)befinde-mich in Haus
Ich bin zu Hause.

Nos encontramos en el bar.
uns (wir-)treffen in der Kneipe
Wir treffen uns in der Kneipe.

Llegamos en dos horas.
(wir-)ankommen in zwei Stunden
Wir kommen in zwei Stunden an.

¿Vas en avión?
(du-)gehst in Flugzeug
Fliegst du?

Viajo en autobus.
(ich-)reise in Autobus.
Ich reise mit dem Bus.

para / por (für)

Die meisten Schwierigkeiten bereitet sicherlich die Unterscheidung von para und por.

Para drückt einen Zweck, eine Bestimmung oder eine persönliche Ansicht aus, während mit por ein Grund oder die Ursache einer Handlung ausgedrückt wird. Por dient aber auch zur Angabe des Preises und der zeitlichen Dauer.

Insofern entspricht por vor allem unserem „wegen" (manchmal auch räumlich „durch"). Allerdings ist das Deutsche hier manchmal „unsauberer" als das Spanische – wir benutzen unser „für" einfach großzügiger, und daran liegen unsere Schwierigkeiten beim Spanischlernen!

una llamada para ti
eine Anruf für dich
ein Anruf für dich

¿Para qué es esto?
für was ist das
Wofür ist das gut?

¿Por qué no vienes?
wegen was nicht (du-)kommst
Warum kommst du nicht?

Por mi trabajo.
wegen meine Arbeit
Wegen meiner Arbeit.

Compramos este libro por veinte soles.
(wir-)kaufen dies Buch durch zwanzig Soles
Wir kaufen das Buch für zwanzig Soles.

Estoy en el Perú por un mes.
(ich-)befinde-mich in der Peru durch ein Monat
Ich bin für einen Monat in Peru.

Zusammen mit Verhältniswörtern gebraucht man die betonten Objekts-Fürwörter. Mit dem Verhältniswort con werden aber die zusammen geschriebenen Sonderformen conmigo (mit mir), contigo (mit dir) gebraucht.

un regalo para tí
ein Geschenk für du
ein Geschenk für dich

sin mí
ohne ich
ohne mich

Lernende Kinder

Zahlen & Zählen

Die Zahlen unterscheiden sich nicht von den in Spanien gebräuchlichen.

Grundzahlen

Uno (eins) wird vor einem männlichen Hauptwort zu un *(m)* und vor einem weiblichen zu una *(w)*. Das gilt auch bei Zusammensetzungen (21, 31 usw.).

0	**zero**	10	**diez**
1	**uno / una**	11	**once**
2	**dos**	12	**doce**
3	**tres**	13	**trece**
4	**cuatro**	14	**catorce**
5	**cinco**	15	**quince**
6	**seis**	16	**dieciséis**
7	**siete**	17	**diecisiete**
8	**ocho**	18	**dieciocho**
9	**nueve**	19	**diecinueve**

20	**veinte**	60	**sesenta**
30	**treinta**	70	**setenta**
40	**cuarenta**	80	**ochenta**
50	**cincuenta**	90	**noventa**

Die zusammengesetzten Zehnerzahlen werden aus dem Zehner, dem Wörtchen y (und) und der Einerzahl gebildet. Nur die zusammengesetzten Zahlen von 11 bis 19 und 21 bis 29 haben Sonderformen.

21	**veintiuno**	26	**veintiséis**
22	**veintidós**	27	**veintisiete**
23	**veintitrés**	28	**veintiocho**
24	**veinticuatro**	29	**veintinueve**
25	**veinticinco**		

treinta y tres
dreißig und drei
dreiunddreißig

cuarenta y dos
vierzig und zwei
zweiundvierzig

Die auffälligste Ausnahme ist sicherlich quinientos *„500". Auch hierzu gibt es eine weibliche Form:* quinientas.

Die zusammengesetzten Hunderter werden mit Grundzahl und cientos (m) bzw. cientas (w) je nach Geschlecht des Hauptwortes gebildet. Ausnahmen sind 500, 700 und 900.

Steht „100" direkt vor dem gezählten Hauptwort, wird das Zahlwort zu cien *verkürzt.* Ciento *steht in den zusammengesetzten Zahlen wie „101"* (ciento uno) *oder „180"* (ciento ochenta). *Beim Abzählen und Rechnen sind beide Formen für „100" möglich, aber* cien *ist bei weitem gebräuchlicher.*

100	**cien (ciento)**	700	**setecientos**
200	**doscientos**	800	**ochocientos**
300	**trescientos**	900	**novecientos**
400	**cuatrocientos**	1000	**mil**
500	**quinientos**	2000	**dos mil**
600	**seiscientos**	3000	**tres mil**

cien kilómetros
hundert Kilometer

cien personas
hundert Personen

Ordnungszahlen

Die Ordnungszahlen richten sich wie Eigenschaftswörter in Zahl und Geschlecht nach dem Hauptwort, auf das sie sich beziehen. Vor weiblichen Hauptwörtern wird -o deshalb zu -a. Ordnungszahlen stehen in der Regel vor dem Bezugswort.

primero	erster	**séptimo**	siebter
segundo	zweiter	**octavo**	achter
tercero	dritter	**noveno**	neunter
cuarto	vierter	**décimo**	zehnter
quinto	fünfter	**último**	letzter
sexto	sechster		

la segunda calle
die zweite Straße
die zweite Straße

el último día
der letzte Tag
der letzte Tag

Vor männlichen Hauptwörtern entfällt das -o von primero und tercero:

el primer piso
die erste Etage

el tercer viaje
die dritte Reise

Lago Sandoval bei Puerto Maldonado

Zeit & Datum

Zur Angabe der Uhrzeit und des Datums wird in der Regel das Tätigkeitswort ser benutzt.

allgemeine Zeitangaben

hoy	heute
mañana	morgen
pasado mañana	übermorgen
ayer	gestern
anteayer	vorgestern
por la mañana	morgens, vormittags
por la tarde	nachmittags
por la noche	abends, nachts
cada día	jeden Tag
semana	Woche
mes *(m)*	Monat
año	Jahr
(más) temprano	früh(er)
(más) tarde	spät(er)
antes – después	vorher – nachher
ya – ya no	schon – nicht mehr
todavía (no)	noch (nicht)
ahora	jetzt
en seguida	sofort
pronto	bald
luego	dann
a veces	manchmal
muchas veces	oft
siempre – nunca	immer – nie

Uhrzeit

In Peru wird für die Uhrzeit das 12-Stunden-System benutzt, manchmal mit dem Zusatz a. m. (vormittags) bzw. p. m. (nachmittags / abends).

de la mañana	vormittags
de la tarde	nachmittags
de la noche	abends, nachts

Meistens fügt man jedoch die Tageszeit erklärend hinzu.

¿Qué hora es?
was Stunde (sie-)ist
Wie spät ist es?

¿Qué hora tienes?
was Stunde (du-)besitzt
Wie spät hast du es?

Bei allen Stundenangaben wird der weibliche Artikel gebraucht, da hora ein weibliches Hauptwort ist. Nur bei 1 Uhr wird der Artikel in der Einzahl gebraucht (la), sonst heißt es immer las.

Es la una de la tarde.
(sie-)ist die eine von die Nachmittag
Es ist 13 Uhr.

Son las ocho de la mañana.
(sie-)sind die acht von die Morgen
Es ist 8 Uhr.

y	*und*	nach
cuarto	*viertel*	viertel
menos	*weniger*	vor
media	*halb*	halb

Also wird die halbe Stunde nicht wie im Deutschen angeben, sondern wie im Englischen!

Son las dos y media.
(sie-)sind die zwei und halb
Es ist 3 Uhr 30. / Es ist 15 Uhr 30.

Son las once y veinte.
(sie-)sind die elf und zwanzig
Es ist 11 Uhr 20. / Es ist 23 Uhr 20.

Son las cinco menos cuarto.
(sie-)sind die fünf weniger viertel
Es ist 4 Uhr 45. / Es ist 16 Uhr45.

Son las nueve menos cinco.
(sie-)sind die neun weniger fünf
Es ist 8 Uhr 55. / Es ist 20 Uhr 55.

Oft wird man die Uhrzeit auch mit para *hören.*

Son veinte (minutos) para las siete.
(sie-)sind zwanzig (Minuten) für die sieben
Es ist zwanzig (Minuten) vor sieben.

mediodía	zwölf Uhr mittags
medianoche	Mitternacht

Bei der Frage nach einem Zeitpunkt („um wie viel Uhr?") verwendet man das Verhältniswort a, das dann in der Antwort wiederholt wird.

¿A qué hora sale el avión?
zu was Stunde abfährt der Flugzeug
Wann fliegt das Flugzeug ab?

A las tres.
zu die drei
Um drei.

Vengo a las diez.
(ich-)komme zu die zehn
Ich komme um zehn.

Wochentage

lunes	Montag
martes	Dienstag
miércoles	Mittwoch
jueves	Donnerstag
viernes	Freitag
sábado	Samstag
domingo	Sonntag

Alle Wochentage und Monate sind männlich.

Der Artikel el vor dem Wochentag bedeutet „am".

El lunes no tengo tiempo.
der Montag nicht (ich-)besitze Zeit
Am Montag habe ich keine Zeit.

Monate

enero	Januar
febrero	Februar
marzo	März
abril	April
mayo	Mai
junio	Juni
julio	Juli
agosto	August
septiembre	September
octubre	Oktober
noviembre	November
diciembre	Dezember

Beachten Sie, dass die Jahreszeiten auf der Südhalbkugel denen bei uns genau entgegengesetzt sind. In den Anden wiederum ist invierno *die Regenzeit und* verano *die Trockenzeit. Das bedeutet, dass in verschiedenen Teilen desselben Landes ganz unterschiedliche Jahresabschnitte als „Winter" bzw. als „Sommer" gelten! Zur Vermeidung von Missverständnissen verwenden Sie also besser konkrete Monatsangaben.*

Und noch ein für Peru typischer meteorologischer Begriff: Der die meiste Zeit des Jahres permanent über Lima hängende Nebel bzw. der daraus fallende sehr feine Nieselregen heißt garúa.

Jahreszeiten

la primavera	der Frühling
el verano	der Sommer
el otoño	der Herbst
el invierno	der Winter
la época de lluvias	die Regenzeit
la época seca	die Trockenzeit

Datum

Beim Datum wird nur der jeweils erste des Monats als Ordnungszahl angegeben, ansonsten benutzt man die Grundzahlen. Die Jahreszahl wird als Tausender (mil) angesehen.

¿Qué fecha tenemos?
was Datum (wir-)besitzen
Welches Datum haben wir?

Tenemos el veinte de agosto.
(wir-)besitzen der zwanzig von August
Wir haben den zwanzigsten August.

Hoy es el primero de julio de dos mil once.
heute ist der erste von Juli von zwei tausend elf
Heute ist der 1. Juli 2011.

Maße & Mengenangaben

Die Bezeichnungen für Mengenangaben und Maße stimmen mit den in Spanien gebräuchlichen überein. Historische Maßeinheiten wie arroba *(Gewicht)* hatten sich in Südamerika zwar länger gehalten als in Spanien, sind aber mittlerweile auch veraltet.

un centímetro	ein Zentimeter
un metro	ein Meter
un kilómetro	ein Kilometer
una cuadra	ein Häuserblock *(Entfernung)*
cien gramos	hundert Gramm
un kilo	ein Kilo(gramm)
medio kilo	ein halbes Kilo(gramm)
un litro	ein Liter
una botella	eine Flasche
un paquete	ein Paket
una docena	ein Dutzend
una porción	eine Portion

Entfernungsangaben in „Blocks" (nur innerorts!) sind aufgrund des Quadratgrundrisses peruanischer Städte recht zuverlässig; ein „Block" sind ca. 100 m.

Beachten Sie: medio *wird nie mit dem unbestimmten Artikel gebraucht.*

Das Hauptwort, auf das sich die Maßeinheit bezieht, wird mit de (von) angeschlossen.

medio kilo de tomates
halbes Kilo von Tomaten
ein halbes Kilo Tomaten

una botella de pisco
eine Flasche von Pisco
eine Flasche Pisco

Pisco *ist ein Traubenschnaps (ähnlich dem Grappa) und ist nach der gleichnachmigen peruanischen Hafenstadt benannt.*

Plaza Mayor (Plaza de Armas) in Lima

Kurz-Knigge

Wer als Reisender den Menschen in einem fremden Land aufgeschlossen und respektvoll begegnet, wird kaum etwas falsch machen. Unterschiede zwischen den Kulturen festzustellen ist höchst spannend. Vor vorzeitigen Wertungen andersartiger Handlungsweisen sollte man sich aber hüten. Am besten anschauen, dass vieles auch anders funktionieren kann, denn darauf kommt man im eigenen Land meistens nicht.

Zum Beispiel wird man bald merken, dass in Peru die Zeit auf hora peruana (peruanische Uhrzeit) eingestellt ist. Und die verläuft etwas langsamer. Deshalb gehören auch Verspätungen einfach zum Alltag. Ärgern Sie sich nicht über Unpünktlichkeiten, sei es bei öffentlichen Verkehrmitteln oder bei Verabredungen. Angenehmer Nebeneffekt: Vieles verläuft entspannter, und meistens kommt man doch zur rechten Zeit.

Die peruanische Gesellschaft ist konservativ. Der Mann ist der Herr im Haus, die Frau kümmert sich um die Kinder und den Herd. Jahrhundertealte Rollenmuster sind nicht von heute auf morgen zu ändern. Die Menschen sind trotzdem liebenswert.

Wenn man Sie fragt, wie Sie sich so eine teure Reise und vor allem mehrere Wochen ohne zu arbeiten leisten können, sollten Sie darauf hinweisen, dass Sie dafür lange gespart haben. Ebenso wenn man Sie nach Ihrem Verdienst in Deutschland fragt, sollten Sie neben der für Peruaner wohl unglaublich hohen Summe auch gleich die hohen Lebenshaltungskosten bei uns mit erwähnen.

Peru ist trotz aller Verbesserungen in den letzten Jahren ein armes Land. Protzen Sie nicht mit Reichtum, teuren Film- und Videokameras, denn das verlockt nur zum Diebstahl.

Geld nah am Körper zu führen und ein wenig Wachsamkeit schützen vor Diebstahl. Auch sollte man nicht große Geldmengen mit sich herumführen und nur so viel wie nötig dabeihaben. Wird einem dann mal Geld gestohlen, ist es nicht ganz so tragisch. Dass Touristen in Peru auch bestohlen werden, kann man nicht leugnen. Aber dies sollte nicht Anlass zur Panik und Übervorsichtigkeit bei der Reise sein.

Als weißer Mann oder weiße Frau wird man meist automatisch für einen gringo oder eine gringa gehalten. Dass die Bezeichnung ursprünglich nur auf US-Amerikaner bezogen war, wissen viele Peruaner nicht. Stellen Sie dann am besten klar, dass Sie aus Deutschland bzw. aus Europa kommen – einige Peruaner haben Vorbehalte gegenüber US-Amerikaner. Aber für die Einheimischen werden Sie wohl trotzdem der gringo oder die gringa bleiben.

Es kommt ganz auf die Situation an, ob die Bezeichnung gringo *abschätzig gemeint ist oder nicht. In den meisten Fällen ist es aber nur der neutrale Ausdruck für einen Weißen ohne spanischen kulturellen Hintergrund. Übrigens gibt es Abstufungen: „Südländer" wie Italiener sind weniger* gringos *als z. B. Schweden. Als Mitteleuropäer sind Sie aber auf jeden Fall einer!*

Bei Begrüßungen gibt man sich die Hand, Frauen bekommen einen angedeuteten Kuss auf die linke Wange (anders als in Spanien nur einen!). Allgemein geht man in Peru höflicher und oft auch förmlicher miteinander um als bei uns (oder auch in Spanien).

Die Bezeichnung indio für die Ureinwohner Perus kommt einer Beschimpfung gleich. Stattdessen verwendet man lieber den Begriff indígenas (für Frauen und Männer gleich), was „Einheimische" bedeutet. Vielschichtiger ist der Begriff cholo (Mestize, mit spanischen und indigenen Vorfahren). Er kann liebevoll gemeint sein, wenn Peruaner ihn untereinander verwenden. In Folge des häufigen stereotypen Gebrauchs in den peruanischen Medien ist er mittlerweile schon beinahe eine selbstironische Eigenbezeichnung der Peruaner, zumindest ihrer nicht-weißen Mehrheit, geworden und stellt somit eine Art Gegenpol zum gringo dar. Und hier liegt der Knackpunkt, wenn das Wort aus dem Munde eines Weißen kommt. Dann wird dasselbe Wort plötzlich sehr leicht rassistisch verstanden.

Und als ganz politisch korrekt gilt in der jüngsten Zeit die Benennung pueblos originarios *(„ursprüngliche Völker") für die ethnischen Gruppen der Ureinwohner.*

So gibt es mittlerweile neben Hollywood und Bollywood in Peru auch ein Cholywood!

Überhaupt sind die Peruaner untereinander sehr schnell dabei, sich Spitznamen nach äußerlichen Merkmalen zu geben, und dazu gehört auch die „Rasse". Ausdrücke wie negrito für Afro-Peruaner oder chinito für Peruaner asiatischer Abstammung sind selten böse gemeint, ebenso wie gordito „Dickerchen", flaquito „Bohnenstange" oder chato „Kurzer". Als Tourist gehört man aber nicht zum „inneren Zirkel" der Sprachbenutzer, in dem man sich solche Vertraulichkeiten erlauben darf.

Den ehemaligen Präsidenten Alberto Fujimori nannte Freund und Feind nur el chino, *und das obwohl er japanischer und nicht chinesischer Abstammung war.*

typische Gesten

Wird der erhobene Zeigefinger hin- und herbewegt, bedeutet das „nein".

Beim Zählen mit den Fingern beginnen Peruaner mit dem kleinen Finger und nicht mit dem Daumen.

Winkt man jemanden zu sich heran, so geschieht das in Peru niemals mit der Handfläche nach oben, sondern mit der Handfläche nach unten zum Körper hin.

Ein mit erhobener Hand aus Daumen und Zeigefinger gebildeter Kreis bedeutet nicht etwa „Spitze!", sondern „Arschloch". Unbedingt vermeiden!

Namen & Anrede

Wie auch in Spanien üblich haben Peruaner und Peruanerinnen zwei Nachnamen.

Namen

Die Nachnamen (apellidos) der Peruaner setzen sich aus den jeweils ersten Familiennamen des Vaters und der Mutter zusammen. Ebenso haben die meisten Peruaner mehrere Vornamen (nombres).

Juan Enrique Cornejo Riveros

Juan ist der erste, Enrique der zweite Vorname, Cornejo ist der erste Nachname des Vaters, und Riveros der erste Nachname der Mutter.

Im Alltag wird meist nur ein Vorname und der erste Nachname (der des Vaters) benutzt oder der zweite Nachname wird abgekürzt, also z. B. Juan Cornejo R. Die Schwester von Juan heißt vor ihrer Heirat z. B. Juana Cornejo Riveros, nach der Heirat heißt sie möglicherweise Juana Cornejo de Vargas. Der Nachname ihres Mannes wird also mit de (von) angehängt, der Nachname ihrer Mutter (Riveros) entfällt.

Anrede

Die normale Anrede einer Person, die man siezt, ist señora (für Frauen) oder señor (für Männer), gefolgt vom ersten Nachnamen.

señora Cornejo	Frau Cornejo
señor Cornejo	Herr Cornejo

Außerdem gibt es die Anrede señorita (Fräulein), die in Peru noch gebräuchlich ist. Im täglichen Leben werden alle Anredeformen auch alleine verwendet, wenn man den Nachnamen der angeredeten Person nicht kennt.

Disculpe señor, ¿qué hora es?
entschuldige-er! Herr was Stunde (sie-)ist
Entschuldigen Sie bitte, wie spät ist es?

Begrüßen & Verabschieden

Mit einem Smartphone können Sie sich die mit einem 👂 gekennzeichneten Sätze dieses Kapitels anhören. Scannen Sie einfach den QR-Code mit Hilfe einer kostenlosen App (z. B. „Barcoo" oder „Scanlife").

Zur Begrüßung geben sich Frauen untereinander sowie Frauen und Männer ein Küsschen auf die Wange. Beim ersten Kennenlernen ist dies aber oft noch nicht der Fall. Männer untereinander geben sich die Hand; wenn sie Freunde sind, umarmen sie sich und klopfen sich auf die Schultern.

Sich begrüßen

Bis zum Mittag sagt man buenos días, danach bis zur Dämmerung buenas tardes, und nach dem Dunkelwerden buenas noches.

¡Hola!	Hallo!
¡Buenas! *gute*	Tag!
¡Buenos días! *gute Tage*	Guten Morgen / Tag!
¡Buenas tardes! *gute Nachmittage*	Guten Tag!
¡Buenas noches! *gute Nächte*	Guten Abend / Nacht!

In einem Atemzug mit der Begrüßung fällt auch meistens die Frage nach dem Befinden.

👂 **¡Buenos días! ¿Cómo está usted?**
gute Tage wie (er-/sie-)befindet-sich Sie
Guten Tag! Wie geht es Ihnen?

¡Hola! ¿Cómo estás?
hallo wie (du-)befindest-dich
Hallo! Wie geht es dir?

Hola, ¿qué tal?
hallo was solches
Hallo, wie geht's?

Wenn man sich nicht gut kennt, sollte man diese Fragen nicht allzu genau nehmen. Die Standardantwort lautet dann immer „gut".

Bien, ¿y tú?
gut(Umst.) und du
Gut, und dir?

Muy bien, gracias, ¿y usted?
sehr gut(Umst.) danke und Sie
Sehr gut, danke. Und Ihnen?

Regular.
regulär
Geht so.

Como siempre.
wie immer
Wie immer.

Sich verabschieden

Adiós.	Auf Wiedersehen.
Chao.	Tschüss.
Hasta luego. *bis dann*	Bis später.
Hasta pronto. *bis bald*	Bis bald.
Hasta mañana. *bis morgen*	Bis morgen.
Hasta la próxima (vez). *bis die nächste (Mal)*	Bis zum nächsten Mal.
Nos vemos. *uns (wir-)sehen*	Wir sehen uns.
¡Cuídate! *aufpass!-dich*	Pass auf dich auf!
¡Suerte! *Glück*	Viel Glück

Adiós *wird im Vergleich zu Spanien sehr viel seltener gebraucht und wirkt auch sehr viel förmlicher.* Chao *ist oftmals ausreichend.*

Bitten, Danken, Wünschen

Mit einem Smartphone können Sie sich die mit einem 🔊 gekennzeichneten Sätze dieses Kapitels anhören.

Peruaner gehen sehr höflich miteinander um. Vor allem bei formaleren Begegnungen sind einige Floskeln unerlässlich.

Sich bedanken

🔊 **Muchas gracias.** *viele Danke*	Vielen Dank.
Muy amable. *sehr liebenswürdig*	Sehr liebenswürdig.
🔊 **Le agradezco mucho.** *ihm/ihr (ich-)danke viel*	Ich danke Ihnen sehr.

Auf „danke" antwortet man nie mit por favor, sondern mit:

De nada.
von nichts
Keine Ursache!

🔊 **No hay por qué.**
nicht es-gibt wegen was
Keine Ursache!

Wünschen

🔊 **¡(Mucha) suerte!**
(viel) Glück
Viel Glück!

🔊 **¡Buen viaje!**
gut Reise
Gute Reise!

🔊 **¡Felicidades!**
Glückwünsche
Alles Gute! *(zum Geburtstag)*

Sich entschuldigen

Perdón.	Entschuldigung.
Disculpa.	Entschuldige.
Disculpe.	Entschuldigen Sie.
Lo siento (mucho).	Tut mir (sehr) Leid.
es (ich-)fühle (viel)	

Ya está bien.	Ist schon gut.
schon (es-)ist gut(-Umst.)	
No pasó nada.	Nichts passiert.
nicht (es-)passierte nichts	
¡No te preocupes!	Mach dir keine Sorgen!
nicht dich (du-)sorgest	
¡No se preocupe!	Machen Sie sich keine
nicht sich (er-)sorge!	Sorgen!

Als Antworten auf eine Entschuldigung sind diese Floskeln möglich.

Sich beschweren

No estoy de acuerdo.
nicht (ich-)befinde-mich von Übereinstimmung
Ich bin nicht einverstanden.

Voy a quejarme.
(ich-)gehe zu beschweren-mich
Ich werde mich beschweren.

¡Qué cólera / fastidio / bronca!
was Cholera / Verdruss / Krach
So ein Ärger!

Me da bronca / rabia.
mir (es-)gibt Krach / Tollwut
Das macht mich ärgerlich.

Das erste Gespräch

Ein erstes Gespräch könnte etwa wie folgt verlaufen.

Mit einem Smartphone können Sie sich die mit einem ◗ gekennzeichneten Sätze dieses Kapitels anhören.

¡Hola, gringo / gringa! **¡Hola, buenos días!**
hallo Gringo / Gringa *hallo gute Tage*
Hallo, Gringo / Gringa! Hallo, guten Tag!

¿Cómo te llamas
wie dich (du-)rufst
Wie heißt du?

¿Cuál es tu / su nombre?
welcher ist dein / sein Name
Wie ist dein / Ihr Name?

Me llamo ...
mich (ich-)rufe
Ich heiße ...

Mi nombre es ...
mein Name (er-)ist
Mein Name ist ...

Te / Le presento a mi amigo Martín.
dir / ihm (ich-)vorstelle zu mein Freund Martin
Darf ich dir / Ihnen meinen Freund Martin vorstellen?

Mucho gusto (en conocerte / conocerle).
viel Geschmack (in kennenlernen-dich / kennenlernen-ihn)
Sehr erfreut (dich / Sie kennen zu lernen).

Encantado *sagt ein Mann,* encantada *eine Frau.*

Encantado. / Encantada.
entzückt(m/w)
Sehr erfreut.

Igualmente.
gleich(Umst.)
Ebenfalls. / Ganz meinerseits.

¿De dónde eres?
von wo (du-)bist
Woher kommst du?

¿De qué país es usted?
von was Land (er-/sie-)ist Sie
Aus welchem Land sind Sie?

Soy de Alemania.
(ich-)bin von Deutschland
Ich komme aus Deutschland.

Soy de Francfort.
(ich-)bin von Frankfurt
Ich komme aus Frankfurt.

Ah, Alemania.
ah Deutschland
Ah, Deutschland.

Te / Le gusta el Perú?
dir / ihm (er-)gefällt der Peru
Gefällt dir / Ihnen Peru?

Sí, es muy bonito / lindo.
ja ist sehr hübsch / schön
Ja, es ist sehr schön.

Städte

Bruselas	Brüssel
Colonia	Köln
Hamburgo	Hamburg
Múnich	München
Viena	Wien

Länder & Nationalitäten

Alemania	Deutschland
alemán / alemana	deutsch; Deutscher / Deutsche
Austria	Österreich
austríaco / austríaca	österreichisch; Österreicher / -in
Bélgica	Belgien
belga *(m/w)*	belgisch; Belgier / -in
Holandia	Holland
holandés / holandesa	holländisch; Holländer / -in
Francia	Frankreich
francés / francesa	französisch; Franzose / Französin
Inglaterra	England
inglés / inglesa	englisch; Engländer / -in
Suiza	Schweiz
suizo / suiza	schweizerisch; Schweizer / -in

¿Cuánto tiempo ya estás en el Perú?
wie-viel Zeit schon (du-)befindest-dich in der Peru
Wie lange bist du schon in Peru?

Hace dos semanas.
(es-)macht zwei Wochen
Seit zwei Wochen.

¿Cuánto cuesta el pasaje a Alemania?
wie-viel (sie-)kostet die Passage zu Deutschland
Wie viel kostet das Flugticket nach Deutschland?

Es muy caro.
(es-)ist sehr teuer
Das ist sehr teuer.

He trabajado mucho para ahorrar dinero.
(ich-)habe gearbeitet viel für sparen Geld
Ich habe viel gearbeitet, um Geld zu sparen.

Costa Verde, der Strand von Lima

Zu Gast sein

Ein kleines Geschenk, z. B. für die Kinder mitgebrachte Süßigkeiten aus Deutschland, kommen immer gut an.

¡Pasa / pase (adelante)!
geh-vorbei! / (er-/sie-)gehe-vorbei! (vorwärts)
Tritt / Treten Sie doch ein!

¡Toma / tome asiento, por favor!
nimm! / (er-/sie-)nehme! Sitz wegen Gefallen
Nimm / Nehmen Sie doch bitte Platz!

¡Buen provecho!
guter Nutzen
Guten Appetit!

¡Sírvete! / ¡Sírvase!
servier!-dir / (er-/sie-)serviere!-sich
Nimm dir / nehmen Sie sich doch!

Está muy rica la comida.
(sie-)befindet-sich sehr reiche die Essen
Das Essen ist sehr lecker.

Wenn man etwas angeboten bekommt und nur mit gracias *(danke) antwortet, bedeutet das in Peru Zustimmung.*

¿Te / Le sirvo más?
dir / ihm (ich-)serviere mehr
Darf ich dir / Ihnen noch etwas geben?

No, gracias.
nein danke
Nein, danke.

¿Cuántos años tienes / tiene?
wie-viele Jahre (du-)besitzt / (er-/sie-)besitzt
Wie alt bist du / sind Sie?

Tengo veinticinco años.
(ich-)besitze zwanzig-und-fünf Jahre
Ich bin 25 Jahre alt.

Studium

Soy estudiante de ...
(ich-)bin Student von
Ich studiere ...

Estudiante *bedeutet sowohl „Student" als auch „Studentin" (und ebenso auch „Schüler / -in").*

arquitectura	Architektur
biología	Biologie
economía	BWL / VWL
química	Chemie
geografía	Geographie
geología	Geologie
historia	Geschichte
informática	Informatik
derecho	Jura
literatura	Literatur
ingeniería mecánica	Maschinenbau
matemática	Mathematik
medicina	Medizin
música	Musik
lenguas	Sprachen
pedagogía	Pädagogik
física	Physik
psicología	Psychologie

Berufe

¿Cuál es tu / su profesión?
welcher ist dein / sein Beruf
Was ist dein / Ihr Beruf?

Soy ...
(ich-)bin
Ich bin ...

Ersetzt man die Endung -o *durch* -a, *erhält man die weibliche Berufsbezeichnung, z. B.* profesora *(Lehrerin),* obrera *(Arbeiterin).*

empleado	Angestellter
obrero	Arbeiter
doctor, médico	Arzt
panadero	Bäcker
campesino	Bauer
peluquero	Friseur
ama de casa	Hausfrau
ingeniero	Ingenieur
enfermero	Krankenpfleger
profesor	Lehrer
pintor	Maler
mecánico	Mechaniker
sacerdote, cura	Pfarrer
abogado	Anwalt
pensionado	Rentner
zapatero	Schuhmacher

Familie

¿Tienes / Tiene hermanos / hijos?
(du-)besitzt / (er-/sie-)besitzt Geschwister / Söhne
Hast du / Haben Sie Geschwister / Kinder?

Sí, tengo una hermana / hija.
ja (ich-)besitze eine Schwester / Tochter
Ja, ich habe eine Schwester / Tochter.

¿Eres / Es usted casado / casada?
(du-)bist / (er-/sie-)ist Sie verheiratet(m/w)
Bist du / Sind Sie verheiratet?

Ein Pärchen, das zusammen verreist, aber nicht verheiratet ist, könnte Erstaunen erwecken. Entweder man sagt von vornherein, man sei verheiratet, um sich weitere Fragen zu ersparen, oder man erklärt den Unterschied der Lebensweisen. Das ergibt dann sicherlich ein längeres Gesprächsthema.

Andererseits gibt es in den ärmeren Bevölkerungsschichten auch in Peru viele offiziell unverheiratete Paare, die sich selbst als „Eheleute" betrachten. Dies liegt an den enormen Kosten einer traditionellen Hochzeitsfeier.

divorciado / -a	geschieden
soltero / -a	alleinstehend
viudo / -a	verwitwet

Aquí tengo unas fotos.
hier (ich-)besitze einige Fotos
Hier habe ich einige Fotos.

Es mi ...
(er-/sie-)ist mein ...
Das ist mein / meine ...

novio / novia	feste/r Freund/in
marido / esposa	Ehemann / Ehefrau
padre / madre	Vater / Mutter
abuelo / abuela	Großvater /-mutter
hermano / hermana	Bruder / Schwester
hijo / hija	Sohn / Tochter
nieto / nieta	Enkel / Enkelin
tío / tía	Onkel / Tante
sobrino / sobrina	Neffe / Nichte
primo / prima	Cousin / Cousine
cuñado / cuñado	Schwager / Schwägerin

Familie wird in Peru sehr traditionell verstanden. Der Kontakt ist auch zu entfernten Verwandten oft eng.

Familienbezeichnungen haben manchmal in der männlichen Form Mehrzahl eine andere Bedeutung als in der Einzahl:

los padres	die Eltern
los abuelos	die Großeltern
los hijos	die Kinder
los hermanos	die Geschwister

Achtung: Der „feste Freund" (Partner) ist novio *(„Bräutigam"), niemals* amigo*, die „feste Freundin" dementsprechend* novia*. Man kann für beiderlei Geschlecht auch* pareja *(„Paar") sagen, allerdings gilt das auch für den Ehepartner.*

Mit los viejos sind die Eltern gemeint, allerdings nicht abwertend, sondern eher liebevoll.

Für Freunde gibt es mehrere Ausdrücke:

amigo / -a	Freund / -in
compa *(m) Gevatter*	Kumpel *(Umgangsspr.)*
pata *(m)*	Kumpel *(Slang)*

Diablada-Tänzer beim Karneval in Puno

Liebe & Schmeicheleien

In Touristenstädten wie Cusco – und nicht nur dort – ist allgemein das Interesse an hellhäutigen Frauen und Männern groß. Das peruanische Spanisch hat da auch gleich die passenden Ausdrücke parat: Unter caza gringa versteht man die „Liebesjagd" nach Gringos oder Gringas.

Alleinreisende Frauen sollten das wissen, zumal es in Peru üblich ist, dass eine Frau nur in Begleitung ausgeht. Nichtsdestoweniger ist Allein-Reisen im Lande gut möglich. Aufdringliche Männer ignoriert frau am besten. Aber Flirten muss ja nicht nur unangenehm sein.

Und wer die caza gringa *gewohnheitsmäßig und in der Hoffnung auf materielle Vorteile bzw. ein One-Way-Ticket in die Nordhalbkugel betreibt, wird* brichero *genannt.*

¡Hola guapa!
hallo hübsche
Hallo Süße!

Eres bien linda.
(du-)bist gut-Umst. schöne
Du bist richtig hübsch.

Tienes unos ojos muy lindos.
(du-)besitzt einige Augen sehr schöne
Du hast sehr schöne Augen.

Te quiero.
dich (ich-)liebe
Ich liebe dich.

Quiero hacer el amor contigo.
(ich-)will machen die Liebe mit-dir
Ich will mit dir schlafen.

querer, amar	lieben
el amor	die Liebe
enamorarse	sich verlieben
estar enamorado / -a *befinde-sich verliebt(m/w)*	verliebt sein
el enamorado	der Geliebte
la enamorada	die Geliebte
cariñoso	zärtlich
el cariño	die Zärtlichkeit
abrazar	umarmen
el abrazo	die Umarmung
besar	küssen
el beso	der Kuss
la píldora	die Pille
condón, preservativo	Kondom, Präservativ
hacer el amor *machen die Liebe*	miteinander schlafen
acostarse con *sich hinlegen mit*	ins Bett gehen mit
tirar	bumsen
estar embarazada *befinden-sich schwanger*	schwanger sein
SIDA	AIDS
papito	*(Anrede für den Mann)*
mamita	*(Anrede für die Frau)*
mi hembra	mein „Weibchen“

Dieses Verb bedeutet eigentlich „ziehen“. Benutzen Sie für diese nicht-sexuelle Bedeutung daher in Peru unbedingt jalar *(eigentlich „zerren“), um Missverständnisse zu vermeiden. So steht auch an peruanischen Türen immer nur* jale *„Ziehen Sie!“*

No quiero.
nicht (ich-)will
Ich will nicht.

¡Déjame tranquilo / tranquila!
lass!-mich ruhig(m/w)
Lass mich in Ruhe!

Unterwegs

Reisen mit öffentlichen Verkehrsmitteln ist sehr günstig und die beste Gelegenheit, Spanisch zu üben. In Peru gibt es verschiedene Arten, sich von einem Ort zum anderen fortzubewegen: mit Kleinbussen oder Taxis innerhalb der Stadt, mit Überlandbussen oder dem Zug, und für größere Entfernungen mit dem Flugzeug. Letzteres ist nicht ganz billig und eher ungeeignet, um Land und Leute kennen zu lernen.

Ein Auto zu mieten ist unverhältnismäßig teuer und wegen des zum Teil schlechten Straßenzustands nicht zu empfehlen.

in der Stadt

In peruanischen Städten ist das Straßennetz schachbrettartig angelegt. Die dadurch entstandenen Blöcke heißen manzanas, ihre Kantenlängen cuadras. Mit jeder cuadra steigen die Hausnummern um 100 an, was die Orientierung sehr erleichtert.

Der zentrale Platz im Zentrum fast jeder Stadt heißt Plaza de Armas (Platz der Waffen).

Vor einigen Jahren wurden viele „Plätze der Waffen" in Peru offiziell in das weniger militaristische Plaza Mayor („größter Platz") umbenannt, so auch in Lima.

Disculpe, ¿dónde está la calle ... ?
(er-/sie-)entschuldige! wo (sie-)befindet-sich die Straße
Entschuldigen Sie, wo befindet sich die Straße ... ?

Eine in Spanien ungebräuchliche Bezeichnung für Stadtstraßen ist jirón *(kommt praktisch zwar nur in Straßennamen vor, dort aber sehr häufig, z. B.* Jirón de la Unión, *die Fußgängerzone von Lima). Damit bezeichnet man Straßenzüge, die länger als eine* cuadra *sind, aber dabei schmaler als eine* avenida *(Boulevard).*

¿Me lo podría mostrar en el mapa, por favor?
mir es (er-/sie-)könnte zeigen in der Karte wegen Gefallen
Könnten Sie es mir bitte auf der Karte zeigen?

¿Cuánto falta para ... ?
wie-viel (es-)fehlt für
Wie weit ist es bis ... ?

Está muy lejos todavía.
(es-)befindet-sich sehr weit noch
Es ist noch sehr weit.

Está a unas diez cuadras de aquí.
(es-)befindet-sich zu einige zehn Blöcke von hier
Es ist ungefähr zehn Straßenecke weiter.

Está aquí a la vuelta.
(es-)befindet-sich hier zu die Drehung
Es ist gleich hier um die Ecke.

in dem Sinne „Geh weiter in diese Richtung"

¡Sigue!
folge!
Geh weiter!

¡Siga!
(er-/sie-)folge!
Gehen Sie weiter!

Es la tercera calle a la izquierda.
(sie-)ist die dritte Straße zu die Linke
Es ist die dritte Straße links.

Achtung: Verwechslungsgefahr!

a la izquierda	*zu die Linke*	(nach) links
a la derecha	*zu die Rechte*	(nach) rechts
recto, derecho		geradeaus
atrás		zurück

delante de	*vor von*	vor
detrás de	*hinter von*	hinter
enfrente		gegenüber
al lado	*zum Seite*	neben
al fondo	*zum Boden*	da hinten
al final	*zum Ende*	am Ende
cerca – lejos		nah – weit
acá, aquí		hier
allá		dort
por acá, por aquí	*durch hier*	hierher, hier entlang
por allá	*durch dort*	dorthin, dort entlang
calle *(w)*		Straße
plaza		Platz
esquina		Ecke
cuadra		Häuserblock
cruce		Kreuzung
semáforo		Ampel

mit dem Taxi

Es ist viel günstiger als bei uns, in der Stadt mit dem Taxi zu fahren. Die Autos haben keine besondere Farbe, sondern lediglich einen Taxiaufkleber an der Windschutzscheibe. Man wird Ihnen einen festen Preis sagen. Wenn er Ihnen zu hoch erscheint, sollten Sie ruhig versuchen zu handeln.

¿Cuánto me cobra para la Plaza de Armas?
wie-viel mir (er-/sie-)kassiert für die Platz von Waffen
Wie viel kostet es bis zum Hauptplatz?

In Lima gibt es auch amtlich lizenzierte, einheitlich gelb lackierte tico taxis *(benannt nach dem Standard-Auto-modell). Diese sind etwas teurer, gelten aber als verlässlicher. Unter den nicht-lizen-zierten Taxifahrern gibt es schwarze Schafe, sprich Kriminelle!*

Ein weiteres Verkehrsmittel in Peru ist das mototaxi. *Dies ist zum einen ein als Taxi genutztes handelsübliches Motorrad, so vor allem in den Städten des Amazonastieflands, wo Motorräder ohnehin die bevorzugten Verkehrsmittel sind. In Lima und anderen Großstädten andererseits handelt es sich dabei um ein mehrsitziges, überdachtes Dreiradgefährt (wie etwa das thailändische Tuktuk). Diese Variante ist aber meist auf die ärmeren Stadtteile beschränkt und wird auch nur von der armen Bevölkerung genutzt. Dementsprechend lautet sein Spitzname* taxi cholo.

Es muy caro.
(es-)ist sehr teuer
Das ist zu teuer.

Le doy ...
ihm (ich-)gebe
Ich gebe Ihnen ...

¡Lléveme al centro!
(er-/sie-)mitnehme-mich! zum Zentrum
Fahren Sie mich zum Zentrum!

¡Pare en la esquina, por favor!
(er-/sie-)anhalte! in die Ecke wegen Gefallen
Halten Sie bitte an der Ecke!

Voy a bajar acá.
(ich-)gehe zu aussteigen hier
Ich werde hier aussteigen.

mit dem Kleinbus *(colectivo)*

Die Kleinbusse in Lima und anderen größeren Städten heißen colectivos oder combis. Oft gibt es keine eigentlichen Haltestellen. Man kann ihnen am Straßenrand ein Zeichen geben, um dann schnell aufzuspringen. Mitzubekommen, wohin und wo entlang sie fahren, ist allerdings etwas schwieriger, denn das wird in oft bewundernswerter Sprechgeschwindigkeit aus dem Fenster gerufen. Fahrtroute und -ziel sind zwar auch an der Windschutzscheibe angeschlagen, aber bei dem Eiltempo der colectivos erkennt man das meistens erst zu spät. Am besten nochmal nachfragen.

¿Por favor, ¿dónde pasa un colectivo que va a la Plaza de Armas?
wegen Gefallen wo (er-)vorbeifährt der Kollektive welcher geht zu die Platz von Waffen
Wo bitte fährt ein Kleinbus Richtung Hauptplatz?

¿Pasa usted por el centro?
(er-/sie-)vorbeifährt Sie durch der Zentrum
Fahren Sie am Zentrum vorbei?

Sí, ¡suba!
ja (er-/sie-)einsteige!
Ja, steigen Sie ein!

Um anzuzeigen, dass man aussteigen möchte, sagt man einfach baja. Eigentlich steht es für alguien baja (jemand steigt aus), aber es hat sich als praktische Kurzformel durchgesetzt und bedeutet so viel wie „Halten Sie an, ich will aussteigen!“.

¡Baja la esquina!
(er-/sie-)aussteigt die Ecke
Ich steige an der Ecke aus.

Una parada en la esquina.
ein Halt in die Ecke
Halten Sie bitte an der Ecke!

Oft verwendet man auch die Verkleinerungsform paradita (Haltchen oder Haltestellchen).

mit dem Bus

Leider gibt es in den Hauptreisezeiten der Einheimischen (örtliche Heiligenfeste!) häufig schwere Busunfälle. Dies liegt oft an überfüllten und schlecht gewarteten Fahrzeugen sowie an übermüdeten oder gar nicht mehr ganz nüchternen Fahrern. Allerdings betrifft dies eigentlich nie die modern ausgestatteten großen Linien, sondern nur die „volkstümlichen" Nebenstrecken zu entlegenen Ortschaften. Die großen Linien haben an ihren Terminals zum Teil Sicherheitsmaßnahmen wie auf dem Flughafen!

Viele Städte haben ein zentrales Busterminal, aber leider nicht Lima.

Fernreisebusse (autobuses) sind das Hauptverkehrsmittel in Peru. Mit ihnen erreicht man nahezu jeden Ort im Land. Das Straßennetz ist in den letzten Jahren erheblich ausgebaut und verbessert worden.

Trotzdem müssen Sie Ausdauer und manchmal auch starke Nerven mitbringen. Denn man darf man nicht vergessen, dass die Busse, vor allem im Andenhochland zum Teil gewaltige Höhenunterschiede meistern müssen. Da geht es schon mal stundenlang in Tempo 30 eine holprige, ungepflasterte Straße entlang.

terminal terrestre	Busbahnhof
transportes terrestres	Busunternehmen

¿A qué hora salen los autobuses para Puno?
zu was Stunde (sie-)abfahren die Busse für Puno
Wann fahren die Busse nach Puno ab?

¿Cuánto cuesta el pasaje?
wie-viel (er-)kostet der Passage
Wie viel kostet die Fahrkarte?

In diesen Satz kann man auch z. B. folgende Wörter einsetzen:

boleto	Fahrschein
asiento	(Sitz-)Platz

mit dem Zug

Leider ist die Bedeutung des Schienenverkehrs in Peru extrem zurückgegangen. Es bestehen heute nur noch zwei Verbindungen: Der Ferrocarril del Sur fährt von Arequipa über Juliaca nach Puno, und von Juliaca geht es weiter nach Cusco. Diese Strecken sind sehr reizvoll, denn es geht durch das Andenhochland auf bis zu 4300 m.

Die andere Verbindung, Cusco – Puente Ruinas (Machu Picchu), ist der einzige Zugangsweg nach Machu Picchu. Man unterscheidet hierbei zwischen dem „Touristenzug" und dem tren local, dem viel günstigerer Zug für die Einheimischen. Im Touristenzug wird auch Essen serviert. An jedem Haltepunkt steigen aber auch Händlerinnen ein und verkaufen Getränke, Süßigkeiten, Obst oder Selbstgekochtes.

estación de ferrocarril	Bahnhof
Station von Eisenbahn	
tren – ferrocarril	Zug – Eisenbahn
vagón	Waggon
fumador	Raucher
no fumador	Nichtraucher
pasaje	Fahrkarte
ida	(nur) Hinfahrt
ida y vuelta	hin und zurück
Hinfahrt und Rückkehr	
primera clase	erste Klasse
segunda clase	zweite Klasse

viaje	Reise
horario	Fahrplan
salida	Abfahrt
llegada	Ankunft
retraso	Verspätung
salir, partir	abfahren
llegar	ankommen
andén	Bahnsteig
pasillo	Gang

Un pasaje de segunda clase a Puno, ida y vuelta, por favor.
ein Passage von zweite Klasse zu Puno Hinfahrt und Rückkehr wegen Gefallen
Eine Fahrkarte zweiter Klasse nach Puno, hin und zurück, bitte.

per Anhalter

In Peru ist es unüblich zu trampen. Trotzdem wird man am Straßenrand stehend mitgenommen. Es wird aber immer erwartet, dass man für das Mitfahren etwas bezahlt. Für „trampen" sagt man in Peru umgangssprachlich tirar dedo (*ziehen Finger*).

¿Me puedes llevar a Abancay?
mich (du-)kannst mitnehmen zu Abancay
Kannst du mich nach Abancay mitnehmen?

¿Cuánto te debo?
wie-viel dir (ich-)schulde
Wie viel bin ich dir schuldig?

mit dem Flugzeug

Von Lima aus gibt es Flüge in viele größere Städte des Landes. Inlandsflüge sind relativ preiswert, während internationale Flüge meist sehr teuer sind. Viele Angestellte sprechen auch Englisch, man kann es allerdings nicht immer voraussetzen.

Am Flughafen Lima sind die Wartezeiten bei internationalen Flügen sehr lang. Checken Sie bei Ihrer Rückreise sehr frühzeitig ein und denken Sie auch an die telefonische Bestätigung Ihres Rückflugs ein paar Tage vor Ihrer Abreise. Wenn Sie das versäumen, bekommt Ihren Platz womöglich ein anderer.

aeropuerto	Flughafen
vuelo nacional *Flug national*	Inlandsflug
vuelo internacional *Flug international*	internationaler Flug
avión	Flugzeug
el equipaje de mano *der Gepäck von Hand*	Handgepäck
despegar	starten
aterrizar	landen
hacer escala *machen Staffel*	zwischenlanden
azafata	Stewardess

¿Todavía hay asientos en la ventanilla?
noch es-gibt Sitzplätze in die Fensterchen
Gibt es noch Fensterplätze?

El vuelo está cancelado.
der Flug (er-)befindet-sich gestrichen
Der Flug ist gestrichen.

Übernachten

Eigentlich wird man immer, wo man auch ankommt, eine Übernachtungsmöglichkeit finden. Nur in der Hochsaison und zu Feiertagen kann es schon mal vorkommen, dass alle Hotels ausgebucht sind.

Mit einem Smartphone können Sie sich die mit einem gekennzeichneten Sätze dieses Kapitels anhören.

Hinter mancher einfachen Herberge verbirgt sich ein Stundenhotel.

pensión, residencial	einfache Pension
hospedaje	einfache Unterkunft
hostal	(oft einfaches) Hotel
hotel	Hotel
cabaña	Ferienbungalow
carpa	Zelt
habitación simple *Zimmer einfach*	Einzelzimmer
habitación doble *Zimmer doppelt*	Doppelzimmer
baño	Bad
ducha	Dusche
cama (matrimonial)	(Doppel- / Ehe-)Bett
patio	Innenhof
aire acondicionado	Klimaanlage
toalla	Handtuch
frazada	Decke
jabón	Seife
llave *(w)*	Schlüssel

¿Hay un hotel cerca por aquí?
es-gibt ein Hotel nahe durch hier
Gibt es hier in der Nähe ein Hotel?

Necesitamos una habitación doble con baño.
(wir-)benötigen eine Zimmer doppelt mit Bad
Wir brauchen einDoppelzimmer mit Bad.

¿Tiene una habitación libre?
(er-/sie-)besitzt eine Zimmer frei
Haben Sie ein Zimmer frei?

¿Puedo verla?
(ich-)kann sehen-sie
Kann ich es ansehen?

¿Hay agua caliente?
es-gibt Wasser warm
Gibt es Warmwasser?

(No) me gusta el cuarto.
(nicht) mir (er-)gefällt der Zimmer
Mir gefällt das Zimmer (nicht).

Me gustaría más un cuarto que da al patio.
mir (er-)würde-gefallen mehr ein Zimmer welches (er-)gibt zum Hof
Ich hätte lieber ein Zimmer zum Innenhof.

¿Podemos quedarnos una noche más?
(wir-)können bleiben-uns eine Nacht mehr
Können wir noch eine Nacht länger bleiben?

Typisch peruanisches Straßenbild in Nazca

Anden & Regenwald

Eine Hauptattraktion Perus sind sicherlich die Anden mit ihren unzähligen Wandermöglichkeiten. Bevor es richtig losgeht, sollte man sich aber einen Tag zur Eingewöhnung an die Höhe genehmigen, um nicht an der Höhenkrankheit (soroche) zu erkranken. In Peru wird das Berg- und Hochland mit sierra bezeichnet.

Das spanische Wort monte *ist zweideutig, da es sowohl „Berg" als auch „Wald" (vor allem „Urwald") bedeutet.*

Gebirgslandschaft

las aguas calientes *die Wasser warme*	die heißen Quellen
altiplano	Hochland / -ebene
andén	Terrasse *(Ackerbau)*
bosque	Wald
cerro	Berg
chacra	Feld
cueva	Höhle
cruz *(w)*	Kreuz, Aussichtspunkt
laguna	Bergsee, Lagune
paso	Pass
puna	Hochgebirgssteppe
río	Fluss
salar	Salzsee
las salinas	die Salinen
sierra	Gebirge
valle	Tal
volcán	Vulkan

Por favor, ¿dónde está el camino a los baños termales?
wegen Gefallen wo (er-)befindet-sich der Weg zu die Bäder thermale
Wo geht es bitte zu den Thermalbädern?

Siguen esta carretera hasta encontrar un pequeño camino a la izquierda.
sie-folgen diese Landstraße bis finden ein klein Weg zu die Linke
Ihr geht / Sie gehen diese Straße weiter, bis Sie an einen kleinen Weg auf der linken Seite gelangen.

Hay un restaurant por allí?
es-gibt ein Restaurant durch dort
Gibt es dort ein Restaurant?

Restaurant no hay.
Restaurant nicht es-gibt
Ein Restaurant gibt es nicht.

Una tienda nomás hay.
eine Geschäft nicht-mehr es-gibt
Es gibt bloß ein Geschäft.

Gracias. ¡Hasta luego!
Danke. Bis dann!

¡Mucha suerte!
Viel Glück!

Wenn man wissen will, wie weit es noch bis zu einem bestimmen Ziel ist, so sollte man einen campesino (Bauer) besser nicht nach der Kilometerentfernung fragen, denn die kennt er oft nicht und hat auch kein Gefühl dafür. Auch passiert es, dass etwas als sehr nah empfunden wird, was dann doch zwei Stunden Fußmarsch benötigt. In den Anden funktionieren Raum- und Zeitempfindung einfach anders!

¿Adónde vas?
wohin (du-)gehst
Wohin gehst du?

Voy a las ruinas.
(ich-)gehe nach die Ruinen
Ich gehe zu den Ruinen.

¿Es lejos todavía?
(es-)ist weit noch
Ist es noch weit?

No, falta poco.
nein (es-)fehlt wenig
Nein, es fehlt nur wenig.

Muy cerca es.
sehr nahe (es-)ist
Es ist sehr nah.

¡Sigue el camino nomás!
(er-)folgt der Weg nicht-mehr
Immer den Weg entlang.

caminar	wandern, spazieren
escalar	klettern
camino – carretera	Weg – Landstraße
seguir un camino *folgen ein Weg*	einem Weg folgen
continuar	weitergehen
subir	hinaufgehen / -steigen
bajar	hinuntergehen / -steigen
cerca – lejos	nah – weit
acá, aquí – allá	hier – dort
por acá, por aquí *durch hier*	hierher, hier entlang
por allá *durch dort*	dorthin, dort entlang

Ortsbezeichnungen auf Quechua

apu	Bezeichnung für wichtige Gipfel und Flüsse, die als heilig angesehen werden
bamba, pampa	Ebene
cancha	Hof, (abgegrenzte) Freifläche
cocha	See, Lagune
huanca	Stein, Fels
llacta, marca	Dorf
mayo	Fluss
picchu	Berg
pucara	Festung
tambo	Raststation auf ehemaliger Inkastraße
vilca	heilig
huasi	Haus

Die folgenden Ortschaften, Flüsse, Berge und Gebäude werden einem auf einer Reise durch Peru sicherlich begegnen. Eine kleine Übersetzungshilfe:

Apurímac	sprechender Apu
Quillabamba	Mondebene
Cabanaconde	Aussichtspunkt nach Westen
Coricancha	goldener (Tempel-)Hof
Yanacocha	schwarzer See
Huancayo	Ort, der Steine besitzt
Piquillacta	Flohdorf
Cochamarca	Seedorf
Tantamayo	Flussvereinigung

Machu Picchu	alter Berg
Huayna Picchu	junger Berg
Paucartambo	bunte Ortschaft
Vilcamayo	heiliger Fluss
Pampahuasi	Haus in der Ebene

Wandern & Bergsteigen, Trekkingbedarf

In den größeren Touristenstädten wie Cusco kann man sich Trekkingausrüstung mieten. Man sollte sich jedoch sicherstellen, dass alles funktionstüchtig mitgeliefert wird.

Wer den Camino Inca macht, kann das mit einem guía, einem Führer, tun, was immer eine gute Gelegenheit ist, Spanisch zu sprechen und von Einheimischen vieles über Land und Leute zu erfahren. Auch kann man sich einen portador, einen Träger, oder oft auch einen Esel mieten, der Rucksack, Zelt usw. schleppt. Deswegen braucht man kein schlechtes Gewissen zu bekommen oder sich als Ausbeuter zu fühlen. Für die Bauern ist dies oft eine willkommene Gelegenheit, etwas dazu zu verdienen.

Es versteht sich allerdings von selbst, dass man um den Preis nicht handelt – es ist preiswert genug! – und am Ende noch dazu ein gutes Trinkgeld gibt.

alquilar	mieten
guía *(m)*	Führer
portador	Träger

burro, asno	Esel
propina	Trinkgeld
mochila	Rucksack
botas *(w Mz)*	(Wander-)Stiefel
impermeable	Regenjacke
carpa	Zelt
bolsa de dormir, *Sack von schlafen* **slíping**	Schlafsack
colchoneta	Isomatte
piquete	Hering
cuerda	Seil, Leine
hornillo de gas *Öfchen von Gas*	Gaskocher
cartucho de gas *Patrone von Gas*	Gaspatrone
soroche	Höhenkrankheit

Will man auf einer Wanderung Fotos von den Andenbewohnern machen, so sollte man sie unbedingt vorher fragen und es auch akzeptieren, wenn sie nicht einwilligen. Nicht selten fühlen sie sich zu arm und zu schlecht gekleidet und können mit unserer Sozialnostalgie nichts anfangen.

Eine große Gefahr in den Anden sind während der Regenzeit die huaycos *(Erdrutsche infolge von Sturzfluten).*

Andererseits werden Ihnen auf Schritt und Tritt Kinder begegnen, die sich knipsen lassen wollen und dann um eine propina (Trinkgeld) oder geradeheraus um plata, also um „Silber" (Münzen) bitten. Oft fragen sie auch einfach nach caramelos (Süßigkeiten). Besser ist es jedoch, ihnen kleine Spielsachen, z. B. Luftballons, Malstifte, Schreibhefte, zu schenken.

im Regenwald

Peru verfügt noch immer über ausgedehnte Regenwaldgebiete. Östlich von Cusco befindet sich, bereits im Amazonasbecken, der Manú-Nationalpark. Er ist der größte Nationalpark in Peru und sicher auch der artenreichste in Südamerika. Indianische Gruppen leben weiterhin dort z. T. ohne Kontakt zur Außenwelt, denn nur 20 % des Reservats sind für Besucher geöffnet. Es ist deshalb auch erforderlich, den Manú mit einem Führer zu besichtigen. Touren sind zwar nicht ganz billig, aber ihr Geld wert.

Weiter nördlich liegt das eigentliche Amazonasgebiet mit dem Ucayali und dem Marañón. Bereits die Zuflüsse des Amazonas zu bereisen ist ein unvergessliches Abenteuer, verlangt aber gute Vorbereitung und viel Zeit.

Mit selva bezeichnet man in Peru allgemein den „Urwald", unter ceja de selva versteht man den Übergang vom Hochgebirge, der sierra, in die selva. Diese Gebiete weisen bereits tropische Vegetation auf, befinden sich aber noch auf einer Höhe von mehr als 1000 m. Die höchsten Lagen sind kühler Nebelwald.

Regenwaldlandschaft

selva	Regenwald
monte	Wald, Dickicht
ceja de selva	Bergregenwald
Augenbraue von Dschungel	

llanura	Ebene
plantación de café *Plantage von Kaffee*	Kaffeeplantage
río	Fluss
corriente *(w)*	Strömung
pongo	Flussklamm
cuenca, lecho	Flussbett
afluente	Nebenfluss
catarata, cascada	Wasserfall
brazo	Seitenarm
estuario	breite Flussmündung

¿Cuándo va a haber bote para Pucallpa?
wann (es-)geht zu haben Boot für Pucallpa
Wann wird ein Boot nach Pucallpa fahren?

Haber *ist hier die Grundform zu* hay.

Mañana va a haber bote.
morgen (es-)geht zu haben Boot
Morgen fährt ein Boot.

¿Nos puede llevar hacia Atalaya?
uns (er-/sie-)kann mitnehmen entgegen Atalaya
Können Sie uns Richtung Atalaya mitnehmen?

canoa	Kanu
balsa	Floß
bote	Boot
barco	Schiff
lancha (de carga) *Kahn (von Last)*	(Last-)Kahn
regatón	schwimmender Händler
guía *(m)*	Führer

cabaña	Hütte
lodge	Lodge
mosquitero	Moskitonetz
repelente	Insektenschutzmittel
hamaca	Hängematte
cuerda	Seil
binoculares *(m Mz)*	Fernglas

¿Podría colgar mi hamaca acá?
(ich-)könnte aufhängen meine Hängematte hier
Könnte ich hier meine Hängematte aufhängen?

¿Conoce Usted un guía para la selva?
(er-/sie-)kennt Sie ein Führer für die Urwald
Kennen Sie einen Führer für den Urwald?

¿Cómo se llama este río?
wie sich (er-)ruft dieser Fluss
Wie heißt dieser Fluss?

¿Me puedo bañar en este río?
mich (ich-)kann baden in dieser Fluss
Kann ich in diesem Fluss baden?

¿Dónde puedo hacer un paseo por aquí?
wo (ich-)kann machen ein Spaziergang durch hier
Wo kann ich hier einen Spaziergang machen?

¿Hay animales peligrosos?
es-gibt Tiere gefährliche
Gibt es gefährliche Tiere?

helecho	Farn
musgo	Moos
orquídea	Orchidee
hormiga	Ameise
oso hormiguero	Ameisenbär
guacamayo	Ara (Papageienart)
nutria	Biberratte
oso de anteojos	Brillenbär
(oso) perezoso	Faultier
gallito de rocas	Felsenhahn
murciélago	Fledermaus
mosca	Fliege
bufeo	Flussdelfin
gallinazo	Geier
saltamontes	Heuschrecke
tigre, otorongo	Jaguar
lagarto	Kaiman
marimono	Klammeraffe
picaflor	Kolibri
sajino	Nabelschwein
tigrillo	Ozelot
loro	Papagei
garza	Reiher
tortuga	Schildkröte
culebra, víbora	Schlange
mariposa	Schmetterling
manatí, vaca marina	Seekuh
araña	Spinne
zancudo	Stechmücke
sachavaca	Tapir
frailecito	Totenkopf-Äffchen
ronsoco	Wasserschwein
avispa	Wespe

Essen & Trinken

Verschiedenste Einflüsse haben die peruanische Küche sehr vielfältig und zur wohl besten in Südamerika werden lassen. Man findet sowohl typisch kreolische Speisen wie auch chinesische und indianische Spezialitäten, in den Touristenstädten natürlich auch Pizza, Hamburger usw. Aber die kennt man ja schon, und Peru hat viel mehr zu bieten ...

Die etwas aufwändigeren Menüs heißen oft menú ejecutivo *(„Chefmenü“).*

Zur Mittagszeit werden überall preiswerte Tagesmenüs (menú del día) angeboten. Diese bestehen meist aus einer Vorsuppe, einem Fleischgericht, Nachtisch und einem Getränk. Auch am Abend stehen Menüs auf der Karte, die ein wenig teurer, aber immer noch sehr günstig sind.

In folgenden Restaurant-Kategorien findet man etwas zu essen:

bar-restaurant	einfaches Restaurant, oft auch Kneipe
cevichería	Speziallokal für ceviche
chifa	China-Restaurant
marisquería	Meeresfrüchte-Restaurant
parrillada	Grill(-Restaurant)
peña	Restaurant mit Live-Musik
picantería	einfache Gaststätte
quinta	Landrestaurant mit Innenhof

Chifas *bieten spezifisch peruanisch-chinesische Küche.*

Eine peña *besucht man für ein abendfüllendes folkloristisches Showprogramm.*

¿Está ocupada / libre esta mesa / la silla?
befindet-sich besetzt / frei diese Tisch / die Stuhl
Ist dieser Tisch / Stuhl besetzt / frei?

Bestellen

¿Qué hay como menú / desayuno?
was es-gibt wie Menü / Frühstück
Was gibt es als Menü / Frühstück?

¿Qué nos recomienda? **¿Es muy picante?**
was uns (er-/sie-)empfiehlt *(es-)ist sehr scharf*
Was empfehlen Sie uns? Ist es sehr scharf?

¡La carta, por favor! **¡Buen provecho!**
die Karte wegen Gefallen *guter Nutzen*
Die Speisekarte, bitte! Guten Appetit!

¡Por favor, falta un cuchillo!
wegen Gefallen (er-)fehlt ein Messer
Entschuldigung, es fehlt ein Messer.

carta	Speisekarte
comida	Essen, Speise
desayuno	Frühstück
almuerzo	Mittagessen
cena	Abendessen
bebida	Getränk
cubierto	Gedeck
plato	Teller
vaso	Glas
copa	Weinglas
taza	Tasse
cuchillo	Messer
cuchara	Löffel
tenedor	Gabel
servilleta	Serviette

Auf „Guten Appetit" antwortet man in Peru mit gracias *(danke) oder* servido *(bedient).*

Vegetarisches Essen heißt auf Spanisch comida vegetariana.

Bezahlen

¡La cuenta, por favor!
die Rechnung wegen Gefallen
Die Rechnung, bitte!

Pagamos por separado.
(wir-)zahlen durch getrennt
Wir zahlen getrennt, bitte.

Todo junto.
alles zusammen
Zusammen.

Me parece que aquí hay un error.
mir (es-)scheint dass hier es-gibt ein Fehler
Ich glaube, hier stimmt etwas nicht.
(an der Rechnung)

Eso no lo he pedido.
das-da nicht es (ich-)habe bestellt
Das habe ich nicht bestellt.

¡Está bien!
befindet-sich gut
Stimmt so!
(Trinkgeld)

Als Trinkgeld (propina) lässt man 10 bis 15 % des Rechnungsbetrages auf dem kleinen Tellerchen liegen, auf dem man das Wechselgeld bekommen hat.

Papa a la huancaína

Spezialitäten

Alle Gerichte peruanischer Restaurants aufzulisten, würde diesen Sprechführer sprengen. Deshalb hier nur eine Auswahl an typischen Gerichten sowie eine kleine Hilfe zum Übersetzen der Speisekarte.

adobo	Schweinefleisch im Schmortopf
ají de gallina	Art Hühnerfrikassee in scharfer Chilisauce
anticuchos	Marinierte Rinderherzspieße mit scharfer Soße
arroz chaufa	gebratener Reis nach chifa-Art
arroz con pollo	Huhn mit Safranreis
causa limeña	gewürztes Kartoffelpüree mit Mayonnaise und Gemüse (oder Shrimps)
ceviche / cebiche	marinierter Fisch mit Zwiebeln, Salat, Gemüse
chicharrón de chancho	fritierte Schweinshaxe mit Salat
chupe de camarones	Milchsuppe mit großen Krabben und Kartoffeln
lomo saltado	Rindersteak mit Zwiebeln, Tomaten, Kartoffeln und Reis
ocopa arequipeña	Kartoffeln in scharfer Chili-Erdnuss-Soße
pachamanca	gemischtes Fleisch und Knollengemüse in einer Erdgrube gegart
palta a la reina	Avocado gefüllt mit Geflügelsalat
papa a la huancaína	Kartoffeln in Soße aus Chili und weißem Käse
pastel de choclo	Maisauflauf mit Fleisch, Rosinen und Oliven

Ceviche

© Ildi@Fotolia.com

Ceviche *ist das peruanische Nationalgericht schlechthin. Der Fisch wird roh in Limettensaft mariniert, dabei aber durch die Säure sozusagen kalt gegart. Die Marinade heißt* leche de tigre *(„Jaguarmilch") und wird oft nach durchzechten Nächten getrunken. Als Beilage wird meist* cancha *serviert, geröstete große Maiskörner.*

Das indigene Hochlandsgericht pachamanca *ist ein echtes Festbankett und wird meist nur sonntags in Landgasthöfen serviert.*

picante de cuy	gebratenes Meerschweinchen
rocoto relleno	kleine, aber scharfe Variante unserer gefüllten Paprikaschoten
salchipapa	Bratwurst mit Bratkartoffeln in scharfer Soße
sopa a la criolla	leicht pikante Suppe mit Nudeln, Rindfleisch und Gemüse

Appetithappen aller Art (z. T. ähnlich den spanischen tapas*), aber auch Knabbersnacks heißen in Peru* piqueo.

aus der Speisekarte

entrada	Vorspeise
segundo plato *zweiter Teller*	Hauptgericht
postre	Nachtisch
cocido	gekocht
al horno *zum Ofen*	gebacken
asado	gegrillt
frito	fritiert
caldo	Brühe
sopa	Suppe
huevo (frito) *Ei (gebraten)*	(Spiegel-)Ei
huevo revuelto *Ei umgewühlt*	Rührei
ensalada	Salat
tortilla	Omelett

Fleisch & Fisch

bistec	Beefsteak
carne *(w)*	Fleisch
carne de cabrito	Ziegenfleisch
carne de chancho	Schweinefleisch
carne de cordero	Lammfleisch
carne de res	Rindfleisch
carne de ternera	Kalbfleisch
carne molida	Hackfleisch
charqui	Trockenfleisch
chuleta	Kotelett
estofado	Schmorfleisch
lomo	Lendensteak
milanesa	Schnitzel
pollo	Huhn
mariscos	Meeresfrüchte
pescado	Fisch
corvina	Seebarsch
pejerrey	Königsfisch
trucha	Forelle

Zicklein ist eine Spezialität aus Nordperu (z. B. Trujillo).

Peruanisches pollo a la brasa *(Hähnchen vom Holzkohlegrill) gilt zurecht als Spezialität.*

Die peruanische Küste gehört zu den besten Gebieten für Fisch und Meeresfrüchte weltweit.

Gemüse

ají	peruanischer Chili
ajo	Knoblauch
alcachofa	Artischocke
arvejas	Erbsen
camote	Süßkartoffel
cebolla	Zwiebel
choclo	Mais
espinaca	Spinat
frejoles	Bohnen

Es gibt ají *in den verschiedensten Schärfegraden und Farbtönen. Am typischsten ist aber der cremige gelbe* ají amarillo. *Wichtig ist auch noch der sehr scharfe, an kleine Paprikaschoten erinnernde* rocoto.

Wichtige Gewürze sind außerdem noch culantro *(Koriandergrün),* perejil *(Petersilie) und* huacatay *(Schwarze Minze).*

lechuga	Kopfsalat
papa	Kartoffel
pimiento	Paprika
verduras	Gemüse
yuca	Maniok
zanahoria	Karotte
zapallo	Kürbis

Nachtisch

Obst finden Sie im Kapitel „Einkaufen".

torta	Torte
helado	Eis
flan	Karamelpudding
ensalada de frutas	Obstsalat
mazamorra morada	Gelee aus violettem Mais
postre	Nachtisch
panqueque	Pfannkuchen, Crêpes
picarón	Ölgebäck aus Kürbis

Picarones *sind die typischen Nachspeisen zu* anticuchos.

Getränke

In Peru ist tomar *(eigentlich „nehmen") das übliche Wort für „trinken".*

¡Una botella de agua, por favor!
eine Flasche von Wasser wegen Gefallen
Eine Flasche Mineralwasser, bitte.

Por favor, ¿tiene jugo de papaya?
wegen Gefallen (er-/sie-)besitzt Saft von Papaya
Entschuldigung, haben Sie Papayasaft?

¡Otra cerveza!
andere Bier
Noch ein Bier!

alkoholfreie Getränke

Kaffee ist meistens löslicher Instantkaffee. Oft wird er auch als Konzentrat in Kännchen auf den Tisch gestellt. Zu einer kleinen Menge wird dann nur noch heißes Wasser hinzugefügt.

bebida	Getränk
agua mineral *(w)* *Wasser mineralisch*	Mineralwasser
con gas *mit Gas*	mit Kohlensäure
sin gas *ohne Gas*	ohne Kohlensäure
refresco	Erfrischungsgetränk
gaseosa	Limonade
Inca Kola	süße gelbe Limonade, Nationalgetränk
chicha morada *Chicha violette*	Getränk aus violettem Mais (auch instant)
jugo	Fruchtsaft
café solo *Kaffee allein*	Kaffee (schwarz)
café con leche	Kaffee mit Milch
café sin azúcar	Kaffee ohne Zucker
té (puro)	schwarzer Tee
mate	Kräutertee
mate de coca *Mate von Coca*	Cocatee
mate de manzanilla *Mate von Kamille*	Kamillentee

Fruchtsäfte gibt es in Peru in einer großen Vielfalt, und sie werden fast immer frisch hergestellt. Es gibt sie je nach Fruchtart pur, con agua *(mit Wasser) oder* con leche *(mit Milch, d. h. als Shake). Die Variante mit Milch ist auch aus hygienischen Gründen manchmal ratsam.*

alkoholische Getränke

aguardiente	Schnaps (allgemein)
anís	Anisschnaps
chicha (de jora)	vergorener Maissaft
cerveza clara	helles Bier
cerveza oscura	dunkles Bier
cerveza malta	Malzbier
cóctel	Cocktail
pisco	Traubenschnaps
pisco sour	Aperitif aus Pisco, Zucker, Limette und Eischnee
piscola	Pisco mit Cola
ron	Rum
vino blanco	Weißwein
vino tinto	Rotwein

Ein der chicha *ähnliches Getränk der Amazonas-Ureinwohner auf der Basis von Maniok heißt* masato. *Es wird auf sehr gewöhnungsbedürftige Weise hergestellt (mit Hilfe von Speichel, der Maniok wird dabei von Frauen kräftig durchgekaut). Kommerziell angebotener* masato *wird allerdings ganz normal mit Hefe vergoren.*

Alkohol & Drogen in der Umgangssprache

emborracharse	sich betrinken
marearse, chupar	sich besaufen
borracho	besoffen
cebada *Gerste*	Bier
trago *Schluck*	Drink (Schnaps)
yerba	Marihuana, Gras
pito	Joint
volado	high

Man trinkt eigentlich nur in Gesellschaft. Dabei schenkt man sich immer gegenseitig ein, oft geht auch ein gemeinschaftliches Trinkglas mitsamt Flasche in der Runde herum.

Einkaufen

In Peru findet man Supermärkte oder gar große Einkaufszentren fast nur in Lima (und auch dort nur in den besseren Vierteln). Kaufen und Verkaufen findet auf der Straße und auf Märkten statt. Letztere erstrecken sich oft über viele Kilometer und bieten neben Obst und Gemüse auch Kleidung, Elektrogeräte, Hauseinrichtung usw. an, einfach alles, was man braucht. Als Tourist wird einem in jedem Fall erst einmal ein höherer (aber immer noch günstiger) Preis genannt, der sich mit ein wenig Geschick herunterhandeln lässt.

auf dem Markt

¡Buenos días!
gute Tage
Guten Tag!

¿A cómo está la chompa?
zu wie befindet-sich die Pullover
Wie viel kostet der Pullover?

Cincuenta soles.
fünfzig Soles
Fünfzig Soles.

¡Llévame!
mitnimm!-mir
Kauf ihn mir ab!

Te la dejo por cuarenta y cinco.
dir sie (ich-)lasse durch vierzig und fünf
Ich lasse ihn dir für fünfundvierzig.

Es muy caro.
(es-)ist sehr teuer
Das ist sehr teuer.

¿Me la dejas por treinta?
mir sie (du-)lässt durch dreißig
Lässt du ihn mir für 30?

Por treinta te la llevo.
durch dreißig dir sie (ich-)mitnehme
Für dreißig kauf ich ihn dir ab.

Treinta y cinco, mamita / papito.
dreißig und fünf Mama-chen / Papa-chen
Fünfunddreißig, gute Frau / guter Mann.

Mucho trabajo es.
viel Arbeit (es-)ist
Es ist viel Arbeit.

Sí, bueno, treinta y cinco soles.
ja gut dreißig und fünf Soles
Ja, gut. Fünfunddreißig.

mercado	Markt
placera	Marktfrau
comprar – vender	kaufen – verkaufen
barato	billig
(muy / demasiado) caro	(sehr / zu) teuer
regatear	feilschen
llevar	mitnehmen
rebajar el precio *senken der Preis*	den Preis senken
descuento / rebaja	Preissenkung
yapa	Dreingabe, Extra
contrabando	Schmuggelware
bamba	Fälschung (*Slang*)

¿A cómo es / está?
zu wie ist/befindet-sich
Wie viel kostet es?

¿Cuánto es / cuesta / vale?
wie-viel ist / kostet / ist-wert
Wie viel kostet es?

¿Cuánto cuestan esas naranjas?
wie-viel kosten die-da Orangen
Wie viel kosten diese Orangen?

Tres por un sol.
drei durch ein Sol
Drei für einen Sol.

¿Último cuánto?
letzter wie-viel
Letztes Angebot?

¡Dame seis, por favor!
gib!-mir sechs wegen Gefallen
Gib mir bitte sechs!

¿Me das una yapa?
mir gibst eine Zugabe
Gibst du mir was dazu?

¡Sí, mamita, le doy siete.
ja Mama-chen ihr (ich-)gebe sieben
Ja, gute Frau. Ich gebe Ihnen sieben.

¡Muchas gracias.
viele Danke
Vielen Dank.

piña	Ananas
manzana	Apfel
plátano	Banane
pera	Birne
chirimoya	Cherimoya
fresa	Erdbeere
maní	Erdnuss
higo	Feige
guayaba	Guave
granadilla	Maracuja
pomelo / toronja	Pampelmuse
melón	Melone

auch als Gemüse (Kochbanane)

Zwei bei uns praktisch unbekannte Obstsorten aus Peru sind guanábana *und* lúcuma.

Unsere Zitrone (auch limón*) ist in Peru praktisch unbekannt.*

tuna	Kaktusfeige
limón	Limette
mango	Mango
naranja	Orange
papaya	Papaya
durazno	Pfirsich
uvas *(w Mz)*	Weintrauben

¿Algo más quiere?
etwas mehr (er-/sie-)will
Darf es noch etwas sein?

Sí, quisiera medio kilo de uvas.
ja (ich-)möchte-gern halb Kilo von Weintrauben
Ja, ich hätte gern ein Pfund Weintrauben.

No, gracias, es todo.
nein danke (es-)ist alles
Nein, danke. Das ist alles.

Kunsthandwerk

artesanía	Kunsthandwerk
cerámica	Keramik
objetos tallados en madera *Objekte geschnitzte in Holz*	Holzschnitzwaren
objetos de oro / plata *Objekte von Gold / Silber*	Gold- / Silberwaren
objetos de latón / cuero *Objekte von Messing / Leder*	Messing- / Lederwaren
hecho a mano *gemacht zu Hand*	handgemacht

Mitbringsel

aguayo	Tragetuch
anillo	Ring
arete	Ohrring
cadena	Kette
chompa (de alpaca)	(Alpaca-)Pullover
chullo, **gorro**	Wollmütze
manta	Decke
poncho	Poncho
pulsera	Armband
tapiz	Teppich (auch als Wandbehang)
tumi	Ritualmesser *(Inka)*
zampoña	Panflöte

im Geschäft

tienda	Geschäft
supermercado	Supermarkt
almacén	Gemischtwarenladen
centro comercial	Einkaufszentrum
abierto	geöffnet
cerrado	geschlossen
necesitar	benötigen, brauchen
precio	Preis
liquidación	Räumungsverkauf

Die Bezeichnungen für die einzelnen Geschäfte setzen sich meistens aus dem Wort für die entsprechende Ware und der Endung -ería zusammen, z. B. libro (Buch) – librería (Buchladen, aber auch Schreibwarengeschäft).

ferretería	Eisenwarenladen
panadería	Bäckerei
pastelería	Konditorei
carnicería	Metzgerei
zapatería	Schuhladen

Eine auf Schweinefleisch spezialisierte Metzgerei heißt auch chanchería.

Lebensmittel

abarrotes *(m Mz)*	Lebensmittel
harina	Mehl
leche *(w)*	Milch
cerveza	Bier
pan	Brot
mantequilla	Butter
queso	Käse
arroz	Reis
tallarines	Nudeln
jamón	Schinken
quinua	Quinoa
salchicha	Wurst
azúcar	Zucker

Quinoa ist eine Getreideart aus den Hochanden.

Kleidung

probar	anprobieren
tamaño	Größe
muy grande / chico	zu groß / klein
muy largo / corto	zu lang / kurz
blusa	Bluse
sostén	Büstenhalter
falda	Rock
calzón	Damenslip
camisa	Hemd
calzoncillo	Herrenslip

Der weite, bunte (Trachten-)Rock in den Anden und an der Küste heißt hingegen pollera *(„Hühnerstall“).*

pantalón	Hose
sombrero	Hut
casaca	Jacke
vestido	Kleid
chompa	Pullover
zapatos *(m Mz)*	Schuhe
medias *(w Mz)*	Socken
polo	T-Shirt

Hygieneartikel

crema / loción	Creme / Lotion
toalla sanitaria	Damenbinde
Handtuch gesundheitliche	
tampón	Tampon
toalla	Handtuch
peine – cepillo	Kamm – Bürste
lima – tijera	Feile – Schere
hoja de afeitar	Rasierklinge
Blatt von rasieren	
espuma de afeitar	Rasierschaum
Schaum von rasieren	
jabón	Seife
champú	Schampoo
pañuelo	Taschentuch
papel higiénico	Toilettenpapier
Papier hygienisch	
detergente	Waschmittel
algodón	Watte
cepillo de dientes	Zahnbürste
Bürste von Zähne	
pasta de dientes	Zahncreme
Creme von Zähnen	

Fotografieren

Es versteht sich von selbst, dass man die Kamera nicht hemmungslos auf die Einheimischen richtet. Lieber vorher fragen. Nicht selten lassen sich die Leute gegen eine propina, ein kleines „Trinkgeld", knipsen.

Filmmaterial ist in Peru nicht sehr preiswert, dafür aber die Entwicklung von Fotos.

Por favor, ¿me permite tomarle una foto?
wegen Gefallen mir (er-/sie-)erlaubt nehmen-ihm/ihr eine Foto
Darf ich bitte ein Foto von Ihnen machen?

Voy a mandarle una copia.
(ich-)gehe zu schicken-ihm/ihr eine Kopie
Ich werde Ihnen einen Abzug schicken.

¿Podría sacarnos una foto, por favor?
(er-/sie-)könnte herausziehen-uns eine Foto wegen Gefallen
Könnten Sie bitte ein Foto von uns machen?

Tiene que apretar aquí.
(er-/sie-)besitzt dass drücken hier
Hier müssen Sie draufdrücken.

¿Por favor, pueden revelarme este rollo?
wegen Gefallen (er-/sie-)können entwickeln-mir dieser Rolle
Können Sie mir bitte diesen Film entwickeln?

¿Cuándo va a estar listo?
wann (er-)geht zu befinden-sich fertig
Wann wird er fertig sein?

De cada negativo una copia nueve por trece.
von jedes Negativ eine Kopie neun durch dreizehn
Von jedem Negativ einen Abzug im Format neun mal dreizehn (Zentimeter).

cámara	Fotoapparat
cámara digital	Digitalkamera
objetivo	Objektiv
flash	Blitz(licht)
tripié, trípode	Stativ
película, rollo	Film(rolle)
rollo para diapositivas	Diafilm
Rolle für Diapositve	
rollo en color	Farbfilm
Rolle in Farbe	
foto *(w)*, **fotografía**	Foto
diapositiva	Dia
sacar / tomar / hacer una foto	fotografieren
herausziehen / nehmen / machen eine Foto	
filmar	filmen
revelar	entwickeln
negativo	Negativ
copia	Abzug
chip de memoria	Speicherchip

Bank & Post

Offiziell heißt das Geld nach mehreren Währungsreformen nun **nuevo sol** *(neuer Sol), und diese Bezeichnung wird auch durchaus in der Öffentlichkeit verwendet. Die umgangssprachliche Bezeichnung ist dagegen* **luca**.

Die peruanische Landeswährung ist der **sol** (sowohl „Sonne“ als auch wie französisch **sou**).

Bank

Geld wechseln und Reiseschecks tauschen kann man bei Banken, Wechselstuben, in großen Hotels und privat. Es ist ratsam, US-Dollars mitzunehmen, da diese überall getauscht werden. Wechselstuben bieten allgemein den besten Kurs und sind in der Regel länger geöffnet als Banken.

Vorsicht mit beschädigten Dollarscheinen!

dinero (*umgs.:* **plata**)	Geld
banco	Bank
casa de cambio *Haus von Tausch*	Wechselstube
caja	Kasse
ventanllla	Schalter
en efectivo *in effektiv*	bar
cheque de viajero *Scheck von Reisender*	Reiseschecks
tarjeta de crédito *Karte von Kredit*	Kreditkarte
billete	Banknote
moneda	Münze, Währung
sencillo	Kleingeld
cambiar	wechseln *(Geld)*
cobrar	einlösen *(Scheck)*

¿Cómo es el cambio del dólar, por favor?
wie (er-)ist der Tausch vom Dollar wegen Gefallen
Wie ist der Dollarkurs, bitte?

Este billete está roto.
dieser Banknote (sie-)befindet-sich kaputt
Dieser Geldschein ist kaputt.

¿Puedo pagar con tarjeta?
(ich-)kann bezahlen mit Karte
Kann ich mit Kreditkarte bezahlen?

Währungen

(un) euro *(ein) Euro*	(ein) Euro
boliviano *Bolivianer*	Boliviano *(Bolivien)*
franco suizo *Franken schweizerisch*	Schweizer Franken
dólar	US-Dollar *(ist auch in Ecuador offizielle Währung!)*

Post

Pakete nach Europa werden meistens als Luftpost verschickt. Auch private Zustelldienste bieten den Service an. In Lima kann man Fracht per Schiff senden. Das ist wesentlich billiger und braucht etwa zwei Monate.

Es kommt leider nicht so selten vor, dass mit der Post aufgegebene Pakete für immer verschwinden.

¿Cuánto vale esta carta para Austria?
wie-viel (sie-)ist-wert diese Brief für Österreich
Wie viel kostet dieser Brief nach Österreich?

¡Déme diez sellos de tres soles, por favor!
(er-/sie-)gebe-mir! zehn Briefmarken von drei Soles wegen Gefallen
Geben Sie mir bitte zehn Briefmarken zu drei Soles.

¿Hay correo para mí?
es-gibt Post für mich
Ist Post für mich da?

Wichtig: Ist der Inhalt eines Pakets nach Europa nicht für den persönlichen Gebrauch deklariert, werden Einfuhrsteuern wie für Handelswaren erhoben.

En el paquete hay cosas personales.
in der Paket es-gibt Dinge persönliche
Im Paket sind persönliche Sachen.

remitente	Absender
carta – postal	Brief – Postkarte
sello, estampilla	Briefmarke
sobre	Umschlag
correo aéreo *Post luftig*	Luftpost
paquete	Paket
porte	Porto
correo	Post(amt)
mandar, enviar	schicken

Telefonieren

Öffentliche Telefonzellen gibt es fast überall. Sehr praktisch sind die Prepaid-Telefonkarten 147 (tarjeta prepago ciento cuarenta y siete): Man wählt die 147 auf jedem beliebigen Apparat, also nicht nur auf Kartentelefonen, gibt dann die Geheimzahl der Karte ein und kann anschließend telefonieren. Auslandsgespräche sind sehr teuer (Alternative: Skype).

teléfono	Telefon
teléfono público	öffentliche Telefonzelle
Telefon öffentlich	
guía telefónica	Telefonbuch
Führer telefonische	
sección amarilla	Gelbe Seiten
Abteilung gelbe	
llamar / hablar por teléfono	telefonieren, anrufen
rufen / sprechen durch Telefon	
marcar	wählen
llamada	Anruf
código de área	Vorwahl
ocupado	besetzt
equivocado	falsch verbunden
(teléfono) celular	Handy
recargo	Aufladung

In Peru wird das Telefonnetz von der spanischen Gesellschaft Telefónica *betrieben.*

¿Me permite hacer una llamada, por favor?
mir (er-)erlaubt machen eine Anruf wegen Gefallen
Dürfte ich bitte mal telefonieren?

Telefonieren

Peruaner melden sich am Telefon meist mit ¡aló! *(hallo!).*

¿Con quién hablo?
mit wer (ich-)spreche
Mit wem spreche ich?

Aquí Ana.
hier Ana
Hier spricht Ana.

Quiero hablar con el señor / la señora Chiappa.
(ich-)will sprechen mit der Herr / die Frau Chiappa
Ich möchte Herrn / Frau Chiappa sprechen.

Por favor, ¿está Miguel?
wegen Gefallen (er-)befindet-sich Miguel
Ist Miguel da?

Sí, está.
ja (er-)befindet-sich
Ja, er ist da.

No, no está.
nein nicht (er-)befindet-sich
Nein, er ist nicht da.

Un momentito, le llamo.
ein Momentchen ihm (ich-)rufe
Einen Moment, ich hole ihn / sie.

Voy a llamar más tarde.
(ich-)gehe zu rufen mehr spät
Ich rufe später nochmal an.

Diculpe, me he equivado.
(er-/sie-)entschuldige! mich (ich-)habe geirrt
Entschuldigung, ich habe mich verwählt.

¿Podría dejarle un recado, por favor?
(er-/sie-)könnte lassen-ihm/ihr eine Nachricht wegen Gefallen
Würden Sie ihm / ihr bitte eine Nachricht hinterlassen?

Internet

In allen größeren Städten gibt es Internetcafés, die stündliche oder halbstündliche Tarife haben. Surfen ist günstiger als in Deutschland, wenn auch manchmal etwas langsamer.

Mit einem Smartphone können Sie sich die mit einem gekennzeichneten Sätze dieses Kapitels anhören.

línea	Leitung
cabina de internet *Kabine von Internet*	Internetcafé, -kabine
correo electrónico *Post elektronisch*	E-Mail
imprimir	(aus)drucken
página	Seite
error	Fehler
página web *Seite Web*	Webseite
llamar por internet *rufen durch Internet*	per Internet anrufen

No se puede abrir esta página.
nicht sich (sie-)kann öffnen diese Seite
Diese Seite lässt sich nicht öffnen.

Quiero enviar / leer e-mails.
(ich-)will schicken / lesen E-Mails
Ich möchte E-Mails verschicken / abrufen.

Quisiera imprimir este documento.
(ich-)möchte-gern drucken dieser Dokument
Ich möchte dieses Dokument ausdrucken.

Ämter & Behörden

Behördengänge sind manchmal unvermeidlich. Etwas Zeit muss man da schon einkalkulieren. Es geht im Allgemeinen sehr geordnet zu.

Höfliches und etwas förmliches Auftreten wird sehr geschätzt. Bitte achten Sie auf angemessene Kleidung.

aduana	Zoll(amt)
embajada	Botschaft
declaración	(Zoll-)Erklärung
fecha de nacimiento *Datum von Geburt*	Geburtsdatum
firmar	unterschreiben
nacionalidad	Staatsangehörigkeit
oficina	Büro
pasaporte	Reisepass
tarjeta de turismo *Karte von Tourismus*	Touristenkarte
visa	Visum

Usted tiene que llenar este formulario.
Sie (er-/sie-)besitzt dass füllen dieser Formular
Sie müssen dieses Formular ausfüllen.

¡Firme aquí, por favor!
(er-/sie-)unterschreibe! hier wegen Gefallen
Unterschreiben Sie bitte hier!

Polizei

Por favor, quisiera hacer una denuncia.
wegen Gefallen möchte-gern machen eine Anzeige
Ich möchte bitte Anzeige erstatten.

Fui asaltado.
(ich-)war überfallen
Ich bin überfallen worden.

Me robaron la mochila.
mir (sie-)raubten die Rucksack
Man hat mir den Rucksack gestohlen.

policía	Polizei
denuncia	Anzeige
seguro	Versicherung
ladrón	Dieb
ratero	Taschendieb
asalto	Überfall
robo	Raub
arma	Waffe
pistola	Pistole
cuchillo	Messer
robar	rauben
amenazar	bedrohen

Präsidentenpalast in Lima

Krank sein

Viele Krankheiten lassen sich vermeiden, wenn man einige Grundregeln befolgt: Vor allem sollte man kein Wasser aus der Leitung trinken und auch nicht in Form von Eiswürfeln zu sich nehmen. Auch Speiseeis kann zu einer Darminfektion führen. Folgenden Spruch kann man sich merken: „Ist es geschält, gekocht oder gebraten, dann iss es, sonst vergiss es." Trotz aller Vorsichtsmaßnahmen wird man als Reisender wohl früher oder später einen lästigen, aber harmlosen Durchfall durchstehen müssen.

médico, doctor	Arzt
tratamiento	Behandlung
vacuna	Impfung
hospital, clínica	Krankenhaus
posta médica *Posten medizinisch*	Krankenstation *(auf dem Land)*
ambulancia	Krankenwagen
radiografía	Röntgenaufnahme
oxígeno	Sauerstoff
inyección	Spritze
consulta	Untersuchung
dentista *(m)*	Zahnarzt

Erforderliche Medikamente muss man auch bei Krankenhausaufenthalten meist aus einer Apotheke besorgen lassen.

Arzt- und Krankenhausrechnungen müssen in Peru sofort bezahlt werden. Den Preis für die Behandlung sollten Sie allerdings vorher aushandeln.

beim Arzt

Me siento muy mal.
mich fühle sehr schlecht
Ich fühle mich sehr schlecht.

Dónde le duele?
wo ihm/ihr (es-)schmerzt
Wo haben Sie Schmerzen?

In die folgenden beiden Sätze kann man auch alle Bezeichnungen für Körperteile aus der untenstehenden Liste einfügen. Achten Sie auf den richtigen Artikel, und ob die Einzahl oder Mehrzahl verwendet wird.

Me duele el estómago.
mir (er-)schmerzt der Magen
Ich habe Magenschmerzen.

Me duelen los pies.
mir (sie-)schmerzen die Füße
Mir tun die Füße weh.

Körperteile

brazo	Arm
ojo	Auge
barriga	Bauch
pierna	Bein
apéndice	Blinddarm
sangre *(w)*	Blut
pecho	Brust
intestinos *(m Mz)*	Darm
dedo	Finger
pie	Fuß

cara	Gesicht
cuello	Hals
mano *(w)*	Hand
vejiga	Harnblase
piel *(w)*	Haut
corazón	Herz
rodilla	Knie
rótula	Kniescheibe
hueso	Knochen
cabeza	Kopf
hígado	Leber
labio	Lippe
pulmón	Lungen
estómago	Magen
boca	Mund
músculo	Muskel
nariz	Nase
nervio	Nerv
riñón	Niere
oreja	Ohr
pene	Penis
garganta	Rachen
costilla	Rippe
frente *(w)*	Stirn
vagina	Vagina
columna vertebral *Saule wirbelig*	Wirbelsäule
diente	Zahn
lengua	Zunge

Wenn das Innenohr gemeint ist, sagt man dagegen oído *(„Gehörgang").*

bedeutet auch „Sprache"

Tengo una alergia contra la aspirina.
(ich-)besitze eine Allergie gegen die Aspirin
Ich habe eine Allergie gegen Aspirin.

Me mordió una serpiente / víbora.
mich (sie-)biss eine Schlange
Mich hat eine Schlange gebissen.

Zu Giftschlangen kann man auch víbora *(„Viper") sagen.*

Me torcí el pie.
mir (ich-)drehte-um der Fuß
Ich bin mit dem Fuß umgeknickt.

Fui picado / picada.
(ich-)war gestochen(m/w)
Ich bin gestochen worden.

Estoy embarazada.
(ich-)befinde-mich schwangere
Ich bin schwanger.

¿Ha sido usted vacunado / vacunada?
(er-/sie-)hat gewesen Sie geimpft(m/w)
Sind Sie geimpft?

Desde hace tres días tengo fiebre / diarrea.
seit (es-)macht drei Tage (ich-)besitze Fieber / Durchfall
Seit drei Tagen habe ich Fieber / Durchfall.

Tenía que vomitar varias veces.
(ich-)besaß dass erbrechen verschiedene Male
Ich musste mehrmals erbrechen.

Tengo ...
(ich-)besitze
Ich habe ...

Usted tiene ...
Sie (er-/sie-)besitzt
Sie haben ...

Setzen Sie in diese Sätze Wörter aus der folgenden Liste ein.

Krankheiten & Beschwerden

asma *(m)*	Asthma
dolor de ojo *Schmerz von Auge*	Augenschmerzen
erupción	Ausschlag
dolor de barriga *Schmerz von Bauch*	Bauchschmerzen
inconsciente	bewusstlos
diarrea	Durchfall
inflamación	Entzündung
vómitos	Erbrechen
resfriado	Erkältung
frío	Frösteln
fiebre amarilla *(w)* *Fieber gelbe*	Gelbfieber
úlcera	Geschwür
hepatitis *(w)*	Hepatitis
soroche	Höhenkrankheit
tos *(w)*	Husten
infección	Infektion
fractura	Knochenbruch
dolor de cabeza *Schmerz von Kopf*	Kopfschmerzen
enfermo / -a *(m/w)*	krank
enfermedad	Krankheit
paludismo, malaria	Malaria
dolor de oído *Schmerz von Gehörgang*	Ohrenschmerzen
hongos	Pilze
dolor	Schmerzen
dolor al orinar *Schmerz zum Urinieren*	Schmerzen beim Wasserlassen
catarro	Schnupfen
vértigo, mareo	Schwindel

quemadura de sol *Verbrennung von Sonne*	Sonnenbrand
tétano	Tetanus
tifus *(m)*	Typhus
náusea	Übelkeit
quemadura	Verbrennung
estreñimiento	Verstopfung
herida	Wunde
lombrices *(w Mz)*	Würmer
dolor de muelas *Schmerz von Backenzähne*	Zahnschmerzen
diabetes *(w)*	Zuckerkrankheit

Tome usted diez gotas diarias / tres veces al día.
(er-/sie-)nehme! Sie zehn Tropfen tägliche / drei Male zum Tag
Nehmen Sie täglich / dreimal täglich zehn Tropfen.

Usted tiene que tomar una pastilla cada cuatro horas.
Sie (er-/sie-)besitzt dass nehmen eine Tablette jede vier Stunden
Sie müssen alle vier Stunden eine Tablette nehmen.

Necesito un recibo con el diagnóstico detallado para mi seguro.
(ich-)benötige ein Quittung mit der Diagnose ausführlich für meine Versicherung
Ich brauche eine Quittung mit ausführlicher Diagnose für meine Versicherung.

Apotheke

Fast alle Medikamente sind rezeptfrei erhältlich und oft viel günstiger als in Deutschland.

laxante	Abführmittel
antibiótico	Antibiotikum
antihistamínico	Antihistaminikum
farmacia, botica	Apotheke
aspirina	Aspirin
tratamiento	Behandlung
jarabe	Hustensaft
repelente	Insektenschutzmittel
masticar – chupar	kauen – lutschen
medicamento, remedio	Medikament
venda de gasa *Binde von Mull*	Mullbinde
tomar	nehmen
parche	Pflaster
receta	Rezept
crema, pomada	Salbe
bronceador	Sonnencreme
comprimido, tableta	Tablette
termómetro	Thermometer
gota	Tropfen
venda	Verband
supositorio	Zäpfchen
por vía oral *durch Weg oral*	zum Einnehmen

Necesito algo contra la diarrea.
(ich-)benötige etwas gegen die Durchfall
Ich brauche etwas gegen Durchfall.

Toilette

Die Toiletten sind oft sehr einfach. Papier muss man meistens selbst mitbringen. In Hotels und touristischen Restaurants entsprechen sie schon eher unseren Standards. Praktisch überall muss man aber das benutzte Toilettenpapier in den bereitstehenden Abfalleimer werfen. Andernfalls gibt es unter Garantie eine verstopfte Leitung.

baño	Toilette, Badezimmer
ocupado	besetzt
libre	frei
damas	Damen
caballeros	Herren
papel higiénico *Papier hygienisch*	Toilettenpapier

Tengo que ir al baño.
(ich-)besitze dass gehen zum Bad
Ich muss mal.

¿Dónde está el baño, por favor?
wo (er-)befindet-sich der Bad wegen Gefallen
Wo ist die Toilette, bitte?

Falta el papel higiénico.
(er-)fehlt der Papier hygienisch
Das Toilettenpapier fehlt.

Schimpfen & Fluchen

Die folgende Liste soll nun nicht dazu anleiten, selbst Schimpfwörter zu gebrauchen. Vielmehr ist sie dazu gedacht, eine Situation besser zu verstehen. Denken Sie daran, Sie sind Gast im Land! Besonders beleidigend sind die mit * gekennzeichneten Wörter.

Dabei ist carajo *(eigentlich „Penis") deutlich derber als* caramba. *Andererseits gibt es auch ein positiv gemeintes (aber dennoch vulgäres)* del carajo *„geil".*

¡Carajo! / ¡Caramba!	Karamba!
¡Pucha!	Verdammt!
¡A su madre / diablo! *zu seine Mutter / Teufel*	Donnerwetter!
¡No molestes! *nicht (du-)störest*	Stör mich nicht!
¡Vete! *geh!-dich*	Hau ab!
¡Déjame tranquilo / -a! *lass!-mich ruhig(m/w)*	Lass mich in Ruhe!
¡Déjame en paz! *lass!-mich in Frieden*	Lass mich in Frieden!
¡Mierda!*	Scheiße!
huevón* *Ei(-Vergrößerungssilbe)*	Arsch
concha tu madre* *Möse deine Mutter*	Arschloch
hijo de puta* *Sohn von Hure*	Hurensohn

Und eine huevada *nennt man eine Situation, die dumm gelaufen ist.*

Anstatt mierda (in Peru ein sehr starkes Schimpfwort) benutzt man oft das Wortspiel ¡miércoles! (Mittwoch!).

Slang & Co.

In diesem Kapitel möchte ich in bunter Folge einige Begriffe vorstellen, die als besonders typisch für die Umgangssprache (und für die Lebenswirklichkeit) Perus gelten können.

al toque *zum Schlag*	sofort
ampay	Falle z. Ertappen auf frischer Tat *(v. a. untreue Ehepartner)*
bacán	super, toll
calato	nackt
causa *(m)*	enger Freund
chela	Bier
chévere	cool
chibolo	Kind, Bursche
choro	Dieb
coima	Bestechung
conchudo *mösig*	unverschämt
huachafo	ärmlicher Gernegroß ohne Stil und Geschmack
jale	Sex-Appeal
jarana	Party
mosca *Fliege*	aufgeweckt, aufmerksam
ni michi	gar nichts
pisado *getreten*	Pantoffelheld
pituco	bonzenhaft *(Oberschicht)*
pollada	Hähnchen-Grillparty als Geldeinnahmequelle
poto	Hintern
trampa *Falle*	Liebhaber

Ausdrücke wie pata *(Kumpel),* brichero *(auf* gringas *spezialisierter Aufreißer) oder* bamba *(Fälschung) kennen Sie ja bereits.*

Der Quechua-Begriff ampay *wurde populär durch eine trashige Fernsehshow, in der man Sternchen aus* Cholywood *mit versteckter Kamera auflauert.*

Chévere *stammt eigentlich aus dem venezolanischen Slang, ist aber auch in Peru heimisch geworden.*

Die pollada *ist ein extrem populäres soziales Event in der ärmeren Bevölkerung. Durch die Einnahmen finanziert man sich kleinere Vorhaben. Sehr oft lernt man dort auch seinen Partner kennen.*

Literaturhinweise

Die folgenden Bücher sind – mit Ausnahme der Titel „Peru / Bolivien" und „KulturSchock Peru" – nicht über den Reise Know How-Verlag erhältlich.

Wer sich noch eingehender mit der spanischen Sprache vertraut machen möchte, dem empfehle ich:

Spanisch ohne Mühe heute,
Buch-ISBN 978-2-7005-1052-2
Grundkurs für Anfänger und Wiedereinsteiger.
1 Lehrbuch, 4 Audio-CDs.
Erhältlich bei: Assimil Verlag GmbH
Hinter dem Hagen 1, D-52388 Nörvenich

Noch mehr über die Geschichte und Kultur Perus findet man in:

Catherine Julien & Kerstin Nowack:
Die Inka. Geschichte, Kultur, Religion,
C. H. Beck (Becksche Reihe Wissen), München

Evamaria Grün:
Die Entdeckung von Peru 1536–1712,
Edition Erdmann, Stuttgart

Kai Ferreira Schmidt: **Peru / Bolivien,**
Reise Know-How Verlag, Bielefeld *(Reiseführer)*

Anette Holzapfel: **KulturSchock Peru,**
Reise Know-How Verlag, Bielefeld
(Landeskunde)

Deutsch – Spanisch

Sta. Catalina in Arequipa

Die folgenden Wörterlisten enthalten einen Grundwortschatz von jeweils ca. 1000 Wörtern. Nicht aufgenommen wurde Spezialvokabular, das in den jeweiligen Konversationskapiteln einfach in Listenform zu finden ist.

Das grammatische Geschlecht ist meist an der Endung des Hauptworts ablesbar: ***Männlichen Geschlechts*** *sind* ***Hauptwörter,*** *die auf*

-o, -r, -n *oder* -l

enden, und ***weiblichen Geschlechts*** *sind* ***Hauptwörter,*** *die auf*

-a, -d, -z *oder* -ción

enden. Ist das Geschlecht nicht eindeutig erkennbar, wird (m) für „männlich", (w) für „weiblich" ergänzt:

foto (w)	Foto
día (m)	Tag

Unregelmäßige Verben *sind mit * gekennzeichnet.* ***Unregelmäßige Partizipien*** *werden in Klammern genannt:*

abrir (abierto) öffnen

Abkürzungen:

m	*männlich*
w	*weiblich*
Ez	*Einzahl*
Mz	*Mehrzahl*
Umst.	*Umstandswort*
örtl.	*örtlich*
zeitl.	*zeitlich*

A

Abend tarde (w)
Abendessen cena
aber pero
abfahren salir*
Abteil (Zug) sección
alles todo
alt viejo
Alter edad
älter mayor
Ampel semáforo
anbieten ofrecer*
anderer otro
Angestellter empleado
Angst miedo
anhalten parar(se)
ankommen llegar
Anruf llamada
anrufen llamar
Antwort respuesta
antworten contestar
Apotheke botica, farmacia
Arbeit trabajo
arbeiten trabajar
Ärger bronca, fastidio
arm pobre
Arzt médico
auch también
Aufenthalt demora

aufhängen colgar*
aufstehen pararse; **(vom Bett)** levantarse
Auge ojo
ausführlich detallado
Ausgang salida
ausgezeichnet excelente
aussprechen pronunciar
aussteigen bajar

B

Bäckerei panadería
baden, sich bañarse
Badezimmer baño
Bahnhof estación de ferrocarril
Bahnsteig andén
bald pronto
Bank banco
Batterie pila
Bauer campesino
Baum palo, árbol (m)
Baumwolle algodón
bedeuten significar
beeilen, sich apurarse
beenden terminar
befinden, sich estar
beginnen empezar*
behandeln tratar
Behandlung tratamiento
bekommen recibir
benötigen necesitar
Benzin gasolina
Berg cerro
Beruf profesión
berühmt famoso
berühren tocar
besetzt ocupado
besitzen tener*
Besitzer dueño
besser mejor
besuchen visitar
betrinken, sich emborracharse
betrunken borracho
Bett cama
bevor antes
bevorzugen preferir*
bewegen mover*
bezahlen pagar
Bier cerveza
billig barato
bis (zeitl.) hasta
bisschen, ein un poco / poquito
bitten rogar*
blau azul
bleiben quedarse
Bluse blusa
Botschaft embajada
Brauch costumbre (w)
brauchen necesitar
braun marrón
Brief carta
Briefmarke estampilla
bringen traer*
Brot pan
Brücke puente (m)
Bruder hermano
Buch libro
Buchladen librería
bunt colorado
Büro oficina
Bürste cepillo
Busbahnhof terminal terrestre

C

Chef jefe (m)
Chili (peruan.) ají
Chinalokal chifa (m)
Computer computadora

D

dahinter atrás
danach después
danke gracias
danken agradecer
dann entonces, luego, pues
das da eso
dass que
Datum fecha
Decke manta
denken pensar*
deutsch alemán

Deutsche alemana
Deutscher alemán
Deutschland Alemania
dick gordo
Dieb ladrón
Diebstahl robo
dieses esto
Ding cosa
doppelt doble
Dorf pueblo
dort allá, allí
dringend urgente
drücken apretar
Dschungel selva, monte (m)
dunkel oscuro
durch por
Durst sed (w)
Dusche ducha

E

echt de verdad
Ecke esquina
Ehefrau esposa
Ehemann marido
Ehepaar pareja
Ei huevo
einfach fácil, sencillo, simple
Eingang entrada
einige algunos
einladen invitar
Einladung invitación
einsteigen subir
eintreten entrar
einverstanden de acuerdo
Eis helado
Eisenbahn ferrocarril
Eltern padres (m Mz)
empfehlen recomendar*
empfinden sentir*
Ende final (m)
englisch inglés
entscheiden decidir
entschuldigen perdonar
entwickeln (Film) revelar
erbrechen, sich vomitar
Erde tierra
Ereignis evento
erfreut encantado
erhalten recibir
erhöhen aumentar
erinnern, sich acordarse
erkälten, sich resfriarse
erklären explicar
erlauben permitir
Erlaubnis permiso
ermäßigen rebajar
Ermäßigung rebaja
erscheinen parecer*
erzählen contar*
Esel burro
essen comer; **(zu Abend)** cenar; **(zu Mittag)** almorzar*
Essen comida
Etage piso
etwas algo

F

Fabrik fábrica
Fahne bandera
fahren manejar
Fahrplan horario
Fahrrad bicicleta
Fahrschein boleto
falls si
falsch falso
Familie familia
Farbe color
faul flojo, perezoso
Fehler error
feilschen regatear
Feld chacra
Ferien vacaciones (w Mz)
fertig listo
feucht húmedo
Fieber fiebre (w)
Film película; **(Fotografie)** rollo
Finger dedo
Fisch pez (m); **(als Speise)** pescado

Flasche botella
Fleisch carne (w)
fleißig trabajador
Flug vuelo
Flughafen aeropuerto
Flugticket pasaje (m)
Flugzeug avión
Fluss río
Formular formulario
fortsetzen continuar
Foto foto (w)
Fotografie fotografía
fotografieren tomar una foto
fragen preguntar
Frau mujer (w)
frei libre
Freund amigo; **(fester)** novio
Freundin amiga; **(feste)** novia
Frieden paz
frieren tener* frío
frisch fresco
Friseur peluquero
früh temprano
Frühstück desayuno
fühlen sentir*
führen conducir*
Führer guía (m)
funktionieren funcionar
für para
Fuß pie (m); **zu F.** a pie

G

Gabel tenedor
ganz todo
Garten jardín
Gebäude edificio
geben dar*; **es gibt** hay
Gebirge montaña, sierra
Geburt nacimiento
Geburtstag cumpleaños (m Mz)
Gedeck cubierto
gefährlich peligroso
gefallen gustar
Gefallen favor
gegen contra
gegenüber enfrente
Gehalt sueldo
gehen ir*
gelb amarillo
Geld dinero, plata; **(Münze)** moneda
genießen disfrutar
genug bastante
Gepäck equipaje (m)
geradeaus recto, derecho
Gericht plato
gern con mucho gusto
Geschäft negocio, tienda
geschehen pasar
Geschenk regalo
Gesetz ley (w)
gestern ayer
gesund sano
Gesundheit salud
Getränk bebida
getrennt separado
gewinnen ganar
Glas (Material) vidrio; **(Trink-)** vaso
glauben creer
gleich igual
Glück suerte (w)
glücklich feliz
Gold oro
Gott Dios (m)
grau gris
Grenze frontera
groß grande
Größe tamaño
größer mayor
Großmutter abuela
Großvater abuelo
grün verde
Grund causa
Gruppe grupo
grüßen saludar
gültig válido
Gürtel cinturón (m)
gut bueno, **(Umst.)** bien

H

haben (Hilfsv.) haber*; **(Vollv.)** tener*
Hafen puerto
hallo! ¡hola!
Haltestelle parada
Hand mano (w)
Handel negocio
handeln regatear
Handtuch toalla
Hängematte hamaca
hart duro
hässlich feo
Hauptstadt capital (w)
Haus casa
Häuserblock cuadra
heben levantar
Heilmittel remedio
heiraten casarse
heiß caliente
heißen llamarse
helfen ayudar
Hemd camisa
Herbst otoño
Herz corazón (m)
herzlich cariñoso
heute hoy
hier aquí, acá
hinabsteigen bajar
hinlegen, sich acostarse
hintragen llevar
hinter atrás, detrás
hoch alto
Hochebene altiplano
hochsteigen subir
hoffen esperar
Höhenkrankheit soroche (m)
Holz madera
hören escuchar, oír
Hose pantalón
Hotel hotel; **(einfaches)** hostal
Huhn pollo
Hund perro
Hunger hambre (w)
Husten tos (w)
Hut sombrero
Hütte cabaña

I

immer siempre
Impfung vacuna
in en; **i. Richtung** hacia
Innenhof patio
Insektenschutzmittel repelente (m)
Insel isla
interessant interesante
interessieren für, sich interesarse por
irren, sich equivocarse

J

ja sí, ya
Jahr año
Jahreszeit estación
jeder cada (uno); **jedes Mal** cada vez
jemand alguien
jenes aquello
jetzt ahora
jung joven
Junge chico, niño
jünger menor

K

Kaffee café
kalt frío
Kamera cámara
Kamm peine (m)
kaputt roto
Käse queso
Kasse caja
kaufen comprar
kein ningún
kennen conocer*
Kino cine (m)
Kirche iglesia
klar claro
Kleid vestido
Kleidung ropa
klein chico, pequeño
kleiner menor
Kleingeld sencillo

Kneipe bar
kochen cocinar
Koffer maleta
kommen venir*
können poder*
kontrollieren controlar
korrekt correcto
kosten (probieren) probar*; **(Preis)** valer, costar*
kostenlos gratuito
krank enfermo
Krankenhaus hospital (m)
Krankheit enfermedad
Kraut yerba
Kräutertee mate (m)
Kreditkarte tarjeta de crédito
Krieg guerra
Kunsthandwerk artesanía
kurz corto
Kuss beso
küssen besar, abrazar

L

lächeln sonreír*
Laden tienda
Laken sábana
Lama llama
Land país (m); **(n. Stadt)** campo
landen aterrizar
Landkarte mapa (m)
Landschaft paisaje (m)
lang largo
langsam lento, despacio
langweilig aburrido
lassen dejar
Lastwagen camión (m)
laufen caminar
Leben vida
leben vivir
Lebensmittel alimentos (Mz)
lecker sabroso
ledig soltero
leer vacío
legen poner* (puesto)
lernen aprender
lesen leer
letzter último
Leute gente (w)
Licht luz
Liebe amor
lieben amar, querer*
liebenswürdig amable
Lied canción
links a la izquierda
Löffel cuchara
Luft aire (m)
Lust haben tener* ganas

M

machen hacer* (hecho)
Mädchen chica, niña
Mais choclo
man se, uno
manchmal a veces
Mann hombre (m)
Markt mercado
Meer mar (m)
Meerschweinchen cuy (m)
mehr más
Menge cantidad
Mensch hombre (m)
Menü menú (m)
Messer cuchillo
mieten alquilar
Milch leche (w)
Mineralwasser agua mineral
Minibus colectivo
Minute minuto
mischen mezclar
mit con
Mittag mediodía (m)
Mittagessen almuerzo
Mittenacht medianoche (w)
mögen gustar, querer*
Monat mes (m)
morgen mañana

Morgen mañana
Motorrad moto (w)
Mücke zancudo
müde cansado
Müll basura
müssen tener* que
Mutter madre (w)

N

nach a
Nachbar vecino
Nachmittag tarde (w)
Nachname apellido
Nachricht noticia, recado
nächster próximo
Nacht noche (w)
Nachtisch postre (m)
nah cerca
Name nombre (m); **(Nach-)** apellido
nass mojado
Nationalität nacionalidad
Natur naturaleza
neben al lado
nehmen tomar
nein no
neu nuevo
nicht no
nichts nada
niemals nunca
niemand nadie
noch todavía; **n. ein** otro; **n. einmal** otra vez
normal regular
notwendig necesario
Nudel tallarín
Nummer número
nur nomás, sólo

O

ob si
oben arriba
oder o
Ofen horno
öffnen abrir (abierto)
ohne sin
Öl aceite (m)
Orange naranja
Ort lugar
Österreich Austria
Österreicher austríaco
österreichisch austríaco

P

Paket paquete (m)
parken aparcar, estacionar
Parkplatz playa de estacionamiento
Person persona
Pferd caballo
Pflanze planta
Platz plaza
Polizei policía
Post correo
Postkarte postal
Preis precio
Problem problema (m)
Pullover chompa
pünktlich puntual

Q

Qualität calidad
Quittung recibo

R

Radio radio (w)
rasieren, sich afeitarse
Rat consejo
rauben robar
rauchen fumar
Rechnung cuenta
Recht derecho
rechts a la derecha
Regen lluvia
Regenschirm paraguas (m)
regnen llover*
reich rico
reif maduro
Reifen llanta

Reis arroz (m)
Reise viaje (m)
Reisebüro agencia de viaje
reisen viajar
Reisender viajero
Reisepass pasaporte (m)
Rentner pensionado
reparieren arreglar
reservieren reservar
Richtung dirección
rot rojo
Rucksack mochila
ruhig tranquilo

S

Sache cosa
Saft jugo
sagen decir* (dicho)
Salat ensalada
Salz sal (w)
satt satisfecho
sauber limpio
säubern limpiar
sauer ácido
scharf picante
schauen mirar
Scheck cheque (m)
scheinen parecer*
schicken enviar, mandar
schießen tirar
Schiff barco
Schinken jamón
schlafen dormir*
Schlafsack slíping (m)
schlecht malo
schlechter peor
schließen cerrar*
schlimmer peor
Schlüssel llave (w)
schmackhaft sabroso
Schmerz dolor
schmutzig sucio
Schnaps aguardiente (m)
schnell rápido
schon ya
schön lindo, bonito
schrecklich horrible
schreiben escribir (escrito)
Schreibwarenladen librería
schreien gritar
Schuh zapato
Schuhputzer lustrabotas (m)
schwanger embarazada
schwarz negro
schwatzen charlar
Schwein chancho
Schweiz Suiza
Schweizer suizo
schweizerisch suizo
Schwester hermana
schwierig difícil
See lago
sehen ver (visto)
sehr muy
Seife jabón
Seil cuerda
sein estar, ser*
seit desde
Seite (Richtung) lado
selbst mismo
selten raro
senden mandar
setzen, sich sentarse*
sicher seguro
Silber plata
Sitzplatz asiento
so así, tan
sofort en seguida
Softdrink gaseosa
Sohn hijo
Sommer verano
Sonderangebot rebaja
Sonne sol (m)
sorgen, sich preocuparse
Spanisch castellano
sparen ahorrar
spät tarde
spazieren pasear
Spaziergang paseo
spielen jugar*
Sport deporte (m)

Sprache idioma (m)
sprechen hablar
Staat estado
Stadt ciudad
stark fuerte
stehen estar parado
stehlen robar
Stein piedra
stellen poner* (puesto)
sterben morir (muerto)
stören molestar
Strand playa
Straße calle (w); **(Land-)** carretera
Streichhölzer fósforos (Mz)
Streik paro
Student estudiante
studieren estudiar
Stuhl silla
Stunde hora
suchen buscar
Süden sur (m)

T

Tabak tabaco
Tablette pastilla
Tag día (m)
Tal valle (m)
tanzen bailar
Tasche bolsa
Taschenlampe linterna
Taschentuch pañuelo
tauschen cambiar
Tee té (m)
Teller plato
teuer caro
Tier animal
Tisch mesa
Tochter hija
Toilette baño
Toilettenpapier papel higiénico
toll genial, bárbaro
Tourist turista (m)
Träger portador
traurig triste
treffen encontrar*
trinken tomar
Trinkgeld propina
trocken seco
tun hacer* (hecho)
Tür puerta

U

üben praticar
über sobre
Überfahrt pasaje (m)
überqueren cruzar
übersetzen traducir*
Übersetzer traductor
Uhr reloj (m)
um: u. zu para
umarmen abrazar
Umschlag sobre (m)
Umwelt medio ambiente (m)
und y
Unfall accidente (m)
unglaublich increíble
Universität universidad
unten abajo
unter bajo
unterhalten, sich charlar
Unterkunft hospedaje (m)
unterschreiben firmar
Unterschrift firma
Urlaub vacaciones (w Mz)
Ursache causa

V

Vater padre (m)
Vegetarier vegetariano
Verbrennung quomadura
vergessen olvidar
verkaufen vender
verlaufen, sich perderse*
verlieben, sich enamorarse
verlieren perder*

Verlobte novia
Verlobter novio
verstehen comprender
versuchen tratar
verteidigen defender*
viel mucho
vielleicht quizás, de repente
Visum visa
Vogel pajarito
voll lleno
von (aus) de
vor (örtl.) delante; **(zeitl.)** hace
vorbereiten preparar
vorgestern anteayer
vorher antes
Vormittag mañana
vorstellen presentar; **sich etw. v.** imaginar
Vorwahl código

W

Wagen carro
Waggon vagón
während durante
Wahrheit verdad
Wald bosque
wandern caminar
wann? ¿cuándo?
warm caliente
Wärme calor
warum? ¿por qué?
was? ¿qué?
waschen lavar
Wasser agua
Wechselgeld vuelto
Wechselkurs cambio
Weg camino
wegen por
weggehen irse
weil porque
Wein vino
weinen llorar
weiß blanco
weit lejos
weitermachen continuar
welche/-r/-s? ¿cuál?
wenig poco
weniger menos
wenn (zeitl.) cuando; **(Bedingung)** si
wer? ¿quién?
Werkstatt taller
Wetter tiempo
wie como; **wie?** ¿cómo?; **w. viel?** ¿cuánto?
willkommen bienvenido
Wind viento
Winter invierno
Wirtschaft economía
wissen saber*
Witwe viuda
wo? ¿dónde?
Woche semana
wohin? ¿adónde?
Wohnung departamento
Wolke nube (w)
Wort palabra
Wörterbuch diccionario
Wunde herida

Z

zahlen pagar
zählen contar*
Zahnarzt dentista (m)
zeigen mostrar*
Zeit tiempo
Zentrum centro
ziemlich bastante
Zimmer cuarto
Zoll aduana
zu a; **(z. sehr)** demasiado
Zucker azúcar (m)
zufrieden contento
Zug tren
Zukunft futuro
zurückkehren volver* (vuelto), regresar
zusammen junto
zuviel demasiado
zwischen entre

Spanisch – Deutsch

A

a nach, zu
abajo unten
abrazar umarmen, küssen
abrir (abierto) öffnen
abuela Großmutter
abuelo Großvater
aburrido langweilig
acá hier
accidente (m) Unfall
aceite (m) Öl
ácido sauer
acordarse sich erinnern
acostarse sich hinlegen
acuerdo: de a. einverstanden
¿adónde? wohin?
aduana Zoll
aeropuerto Flughafen
afeitarse sich rasieren
agencia de viaje Reisebüro
agradecer danken
agua Wasser; **a. mineral** Mineralwasser
aguardiente (m) Schnaps
ahora jetzt
ahorrar sparen
aire (m) Luft
ají peruanischer Chili
alemán deutsch, Deutscher
alemana Deutsche
Alemania Deutschland
algo etwas
algodón (m) Baumwolle
alguien jemand
algunos einige
alimentos (Mz) Lebensmittel
allá, allí dort
almorzar* (zu Mittag) essen
almuerzo Mittagessen
alquilar mieten
altiplano Hochebene
alto hoch
amable liebenswürdig
amar lieben
amarillo gelb
amiga Freundin
amigo Freund
amor Liebe
andén Bahnsteig
animal Tier
anteayer vorgestern
antes vorher, bevor
año Jahr
aparcar parken
apellido Nachname
aprender lernen
apretar drücken
apurarse sich beeilen
aquello jenes
aquí hier
árbol Baum
arreglar reparieren
arriba oben
arroz (m) Reis
artesanía Kunsthandwerk
así so
asiento Sitzplatz
aterrizar landen
atrás hinter
aumentar erhöhen
Austria Österreich
austríaco österreichisch, Österreicher
avión Flugzeug
ayer gestern
ayudar helfen
azúcar (m) Zucker
azul blau

B

bailar tanzen

bajar aussteigen, hinabsteigen
bajo unter
banco Bank
bañarse baden
baño Toilette, Badezimmer
bar Kneipe
barato billig
bárbaro toll
barco Schiff
bastante genug, ziemlich
basura Müll
bebida Getränk
besar küssen
beso Kuss
bicicleta Fahrrad
bien gut (Umst.)
bienvenido willkommen
blanco weiß
blusa Bluse
boleto Fahrschein
bolsa Tasche
bonito hübsch, schön
borracho betrunken
bosque Wald
botella Flasche
botica Apotheke
bronca Ärger
bueno gut
burro Esel
buscar suchen

C (CH)

caballo Pferd
cabaña Hütte
cada jeder;
c. vez jedes Mal
café Kaffee
caja Kasse
calidad Qualität
caliente heiß, warm
calle (w) Straße
calor (m) Wärme
cama Bett
cámara Kamera
cambiar tauschen
cambio Wechselkurs
caminar wandern, laufen
camino Weg
camión (m) Lastwagen
camisa Hemd
campesino Bauer
campo Land (n. Stadt)
canción Lied
cansado müde
cantidad Menge
capital (w) Hauptstadt
cariñoso herzlich
carne (w) Fleisch
caro teuer
carretera Landstraße
carro Wagen
carta Brief
casa Haus
casarse heiraten
castellano Spanisch
causa Grund, Ursache
cena Abendessen
cenar zu Abend essen
centro Zentrum
cepillo Bürste
cerca nah
cerrar* schließen
cerro Berg
cerveza Bier
chacra Feld
chancho Schwein
charlar schwatzen, sich unterhalten
cheque (m) Scheck
chica Mädchen
chico klein, Junge
chifa (m) Chinalokal
choclo Mais
chompa Pullover
cine (m) Kino
ciudad Stadt
claro klar
cocinar kochen
código Vorwahl
colectivo Minibus
colgar* aufhängen
color Farbe
colorado bunt
comer essen
comida Essen
como wie

¿cómo? wie?
comprar kaufen
comprender verstehen
computadora Computer
con mit
conducir* führen
conocer* kennen
consejo Rat
contar* (er)zählen
contento zufrieden
contestar antworten
continuar fortsetzen, weitermachen
contra gegen
controlar kontrollieren
corazón (m) Herz
correcto korrekt
correo Post
corto kurz
cosa Sache, Ding
costar* kosten
costumbre (w) Brauch
creer glauben
cruzar überqueren
cuadra Häuserblock
¿cuál? welche(r,-s)?
cuando wenn
¿cuándo? wann?
¿cuánto? wie viel?
cuarto Zimmer
cubierto Gedeck
cuchara Löffel
cuchillo Messer
cuenta Rechnung
cuerda Seil
cumpleaños (m Mz) Geburtstag
cuy (m) Meerschweinchen

D

dar* geben
de von, aus
decidir entscheiden
decir* (dicho) sagen
dedo Finger
defender* verteidgen
dejar lassen
delante vor (örtl.)
demasiado zuviel, zu sehr
demora Aufenthalt
dentista (m) Zahnarzt
departamento Wohnung
deporte (m) Sport
derecha: a la d. rechts
derecho geradeaus; Recht
desayuno Frühstück
desde seit
despacio langsam (Umst.)
después danach
detallado ausführlich
detrás hinter
día (m) Tag
diccionario Wörterbuch
difícil schwierig
dinero Geld
Dios (m) Gott
dirección Richtung
disfrutar genießen
doble doppelt
dolor Schmerz
¿dónde? wo?
dormir* schlafen
ducha Dusche
dueño Besitzer
durante während
duro hart

E

economía Wirtschaft
edad Alter
edificio Gebäude
embajada Botschaft
embarazada schwanger
emborracharse sich betrinken
empezar* beginnen
empleado Angestellter
en in
enamorarse sich verlieben
encantado erfreut
encontrar* treffen
enfermedad Krankheit

enfermo krank
enfrente gegenüber
ensalada Salat
entonces dann
entrada Eingang
entrar eintreten
entre zwischen
enviar schicken
equipaje (m) Gepäck
equivocarse sich irren
error (m) Fehler
escribir (escrito) schreiben
escuchar hören
eso das da
español spanisch
esperar hoffen
esposa Ehefrau
esquina Ecke
estación Jahreszeit; **e. de ferrocarril** Bahnhof
estacionar parken
estado Staat
estampilla Briefmarke
estar sich befinden, sein
esto dieses
estudiante Student
estudiar studieren
evento Ereignis
excelente ausgezeichnet
explicar erklären

F

fábrica Fabrik
fácil einfach
falso falsch
familia Familie
famoso berühmt
farmacia Apotheke
fastidio Ärger
favor Gefallen
fecha Datum
feliz glücklich
feo hässlich
ferrocarril Eisenbahn
fiebre (w) Fieber
final (m) Ende
firma Unterschrift
firmar unterschreiben
flojo faul
formulario Formular
fósforos (Mz) Streichhölzer
foto (w) Foto
fresco frisch
frío kalt; **tener* f.** frieren
frontera Grenze
fuerte stark
fumar rauchen
funcionar funktionieren
futuro Zukunft

G

ganar gewinnen
ganas: tener* g. Lust haben
gaseosa Softdrink
gasolina Benzin
genial toll
gente (w) Leute
gordo dick
gracias danke
grande groß
gratuito kostenlos
gris grau
gritar schreien
guerra Krieg
guía (m) Führer
gustar gefallen, mögen
gusto: con mucho g. gern

H

haber* haben (Hilfsv.)
habitación Wohnung
hablar sprechen
hace vor (zeitl.)
hacer* (hecho) machen, tun
hacia in Richtung
hamaca Hängematte
hambre (w) Hunger
hasta bis (zeitl.)
hay es gibt

helado Eis
herida Wunde
hermana Schwester
hermano Bruder
hija Tochter
hijo Sohn
¡hola! hallo!
hombre (m) Mann, Mensch
hora Stunde
horario Fahrplan
horno Ofen
horrible schrecklich
hospedaje (m) Unterkunft
hospital (m) Krankenhaus
hostal (m) einfaches Hotel
hotel Hotel
hoy heute
huevo Ei
húmedo feucht

I

idioma (m) Sprache
iglesia Kirche
igual gleich
imaginar sich (etw.) vorstellen
increíble unglaublich
Inglaterra England
inglés englisch, Engländer
interesante interessant
interesarse por sich interessieren für
invierno Winter
invitación Einladung
invitar einladen
ir* gehen, fahren
irse weggehen
isla Insel
izquierda: a la i. links

J

jabón Seife
jamón Schinken
jardín Garten
jefe (m) Chef
joven jung, Jugendlicher
jugar* spielen
jugo Saft
junto zusammen

L (LL)

lado Seite (Richtung); **al l.** neben
ladrón Dieb
lago See
largo lang
lavar(se) (sich) waschen
leche (w) Milch
leer lesen
lejos weit
lento langsam
levantar heben
levantarse aufstehen
ley (w) Gesetz
libre frei
librería Buchladen, Schreibwarenladen
libro Buch
limpiar säubern
limpio sauber
lindo schön
linterna Taschenlampe
listo fertig
llama Lama
llamada Anruf
llamar anrufen
llamarse heißen
llanta Reifen
llave (w) Schlüssel
llegar ankommen
lleno voll
llevar (hin)tragen
llorar weinen
llover* regnen
lluvia Regen
luego dann
lugar Ort
lustrabotas (m) Schuhputzer
luz Licht

M

madera Holz
madre (w) Mutter
maduro reif
malo schlecht
maleta Koffer
mañana morgen; Morgen, Vormittag
mandar schicken, senden
manejar fahren (selbst lenken)
mano (w) Hand
manta Decke
mapa (m) Landkarte
mar (m) Meer
marido Ehemann
marrón braun
más mehr
mate (m) Kräutertee
mayor größer, älter
medianoche (w) Mittenacht
médico Arzt
medio ambiente (m) Umwelt
mediodía (m) Mittag
mejor besser
menor kleiner, jünger
menos weniger
menú (m) Menü
mercado Markt
mes (m) Monat
mesa Tisch
miedo Angst
minuto Minute
mirar schauen
mismo selbst
mochila Rucksack
mojado nass
molestar stören
moneda Geld
montaña Gebirge
monte (m) Dschungel
morir (muerto) sterben
mostrar* zeigen
moto (w) Motorrad
mover* bewegen
mucho viel
mujer (w) Frau
muy sehr

N

nacimiento Geburt
nacionalidad Nationalität
nada nichts
nadie niemand
naranja Orange
naturaleza Natur
necesario notwendig
necesitar benötigen, brauchen
negocio Handel, Geschäft
negro schwarz
ningún kein
niña Mädchen
niño Junge, Kind
no nicht, nein
noche (w) Nacht
nomás nur
nombre (m) Name
noticia Nachricht
novia feste Freundin, Verlobte
novio fester Freund, Verlobter
nube (w) Wolke
nuevo neu
número Nummer
nunca niemals

O

o oder
ocupado besetzt
oficina Büro
ofrecer* anbieten
oír hören
ojo Auge
olvidar vergessen
oro Gold
oscuro dunkel
otoño Herbst
otro anderer, noch ein; **otra vez** noch einmal

P

padre (m) Vater; **padres** Eltern
pagar (be)zahlen
país (m) Land
paisaje (m) Landschaft
pajarito Vogel
palabra Wort
palo Baum(stamm)
pan Brot
panadería Bäckerei
pantalón Hose
pañuelo Taschentuch
papel (higiénico) (Toiletten-)Papier
paquete (m) Paket
para für, um zu
parada Haltestelle
parado: estar p. stehen
paraguas (m) Regenschirm
parar anhalten; **pararse** aufstehen, anhalten
parecer* (er)scheinen
pareja Ehepaar
paro Streik
pasaje (m) Überfahrt, Flugticket
pasaporte (m) Reisepass
pasear spazieren gehen
paseo Spaziergang
pastilla Tablette
patio Innenhof
paz Frieden
peine (m) Kamm
película Film
peligroso gefährlich
peluquero Friseur
pensar* denken
pensionado Rentner
peor schlechter, schlimmer
pequeño klein
perder* verlieren; **perderse*** sich verlaufen
perdonar entschuldigen
perezoso faul
permiso Erlaubnis
permitir erlauben
pero aber
perro Hund
persona Person
pescado Fisch (als Speise)
pez (m) Fisch
picante scharf
pie (m) Fuß; **a p.** zu Fuß
piedra Stein
pila Batterie
piso Etage
planta Pflanze
plata Silber, Geld
plato Teller, Gericht
playa Strand; **p. de estacionamiento** Parkplatz
plaza Platz
pobre arm
poco wenig; **un p. / poquito** ein bisschen
poder* können
policía Polizei
pollo Huhn
poner* (puesto) stellen, legen
por wegen, durch; **¿p. qué?** warum?
porque weil
portador Träger
postal (w) Postkarte
postre (m) Nachtisch
praticar üben
precio Preis
preferir* bevorzugen, lieber mögen
preguntar fragen
preocuparse sich sorgen
preparar vorbereiten
presentar vorstellen
problema (m) Problem
profesión Beruf
pronto bald

pronunciar aussprechen
propina Trinkgeld
próximo nächster
pueblo Dorf, Volk
puente (m) Brücke
puerta Tür
puerto Hafen
pues dann
puntual pünktlich

Q

que dass
¿qué? was?
quedarse bleiben
quemadura Verbrennung
querer* lieben, mögen
queso Käse
¿quién? wer?
quizás vielleicht

R

radio (w) Radio
rápido schnell
raro selten
rebaja Ermäßigung, Sonderangebot
rebajar ermäßigen
recado Nachricht
recibir erhalten, bekommen
recibo Quittung
recomendar* empfehlen
recto geradeaus
regalo Geschenk
regatear handeln, feilschen
regresar zurückkehren
regular normal
reloj (m) Uhr
remedio (Heil-)Mittel-
repelente (m) Insektenschutzmittel
repente: de r. vielleicht
reservar reservieren
resfriarse sich erkälten
respuesta Antwort
revelar entwickeln (Film)
rico reich
río Fluss
robar stehlen, rauben
robo Diebstahl
rogar* bitten
rojo rot
rollo Film (Fotografie)
ropa Kleidung
roto kaputt

S

sábana Laken
saber* wissen
sabroso lecker, schmackhaft
sal (w) Salz
salida Ausgang
salir* abfahren
salud Gesundheit
saludar grüßen
sano gesund
satisfecho satt
sección Abteil (Zug)
seco trocken
sed (w) Durst
seguida: en s. sofort
seguro sicher
sello Briefmarke
selva Dschungel
semáforo Ampel
semana Woche
sencillo einfach; Kleingeld
sentarse* sich setzen
sentir* fühlen, empfinden
separado getrennt
ser* sein
si ob, wenn, falls
sí ja
siempre immer
sierra Gebirge
significar bedeuten

silla Stuhl
simple einfach
sin ohne
slíping (m) Schlafsack
sobre über
sobre (m) Umschlag
sol (m) Sonne
sólo nur
soltero ledig
sombrero Hut
sonreír* lächeln
soroche (m) Höhenkrankheit
subir einsteigen, hochsteigen
sucio schmutzig
sueldo Gehalt
suerte (w) Glück
Suiza Schweiz
suizo schweizerisch, Schweizer
sur (m) Süden

T

tabaco Tabak
tallarín Nudel
taller Werkstatt
tamaño Größe
también auch
tan so
tapiz (m) Wandteppich
tarde spät
tarde (w) Abend, Nachmittag
tarjeta (de crédito) (Kredit-)Karte
té (m) Tee
temprano früh
tenedor Gabel
tener* besitzen, haben (Vollv.); **t. que** müssen
terminal terrestre Busbahnhof
terminar beenden
tiempo Zeit; Wetter
tienda Laden, Geschäft
tierra Erde
tirar schießen
toalla Handtuch
tocar berühren
todavía noch
todo alles, ganz
tomar nehmen, trinken; **t. una foto** fotografieren
tos (w) Husten
trabajador fleißig
trabajar arbeiten
trabajo Arbeit
traducir* übersetzen
traductor Übersetzer
traer* (her)bringen
tranquilo ruhig
tratamiento Behandlung
tratar behandeln, versuchen
tren Zug
triste traurig
turista (m) Tourist

U

último letzter
universidad Universität
urgente dringend

V

vacaciones (w Mz) Ferien, Urlaub
vacío leer
vacuna Impfung
vagón Waggon
valer kosten (Preis)
válido gültig
valle (m) Tal
vaso (Trink-)Glas
vecino Nachbar
vegetariano Vegetarier
vender verkaufen
venir* kommen
ver (visto) sehen

verano Sommer
verdad Wahrheit;
de v. echt
verde grün
vestido Kleid
vez (w) Mal;
a veces manchmal
viajar reisen
viaje (m) Reise
viajero Reisender
vida Leben
vidrio Glas (Material)
viejo alt
viento Wind
vino Wein
visa Visum
visitar besuchen
viuda Witwe
vivir leben
volver* (vuelto) zurückkehren
vomitar sich erbrechen
vuelo Flug
vuelto Wechselgeld

Y

y und
ya schon, ja
yerba Kraut

Z

zancudo Mücke
zapato Schuh

Die Autorin

Grit Weirauch (Jahrgang 1973) lebt bei Berlin. In Saarbrücken und Berlin studierte sie Hispanistik. Als sie diesen Sprachführer schrieb, reiste sie gerade durch Peru und arbeitete ein halbes Jahr in Cusco an einem deutsch-peruanischen Kulturinstitut.

Schon während des Studiums und auf zahlreichen Reisen durch Spanien und Lateinamerika beschäftigte sie sich vor allem mit der Umgangssprache in den einzelnen spanischsprachigen Ländern.